U0107456

霸凌与拒学

教育到底怎么了

[日]河合隼雄 – 著

渠昭（Joanne Qu）– 译

中国出版集团

东方出版中心

图书在版编目（CIP）数据

霸凌与拒学/（日）河合隼雄著；渠昭译.—上海：
东方出版中心，2024.2
ISBN 978-7-5473-2295-6

Ⅰ.①霸… Ⅱ.①河…②渠… Ⅲ.①校园-暴力行
为-预防-研究 Ⅳ.①G474

中国国家版本馆 CIP 数据核字（2023）第 227980 号

上海市版权局著作权合同登记：图字 09-2022-1033 号

IJIME TO FUTOUKOU
By HAYAO KAWAI
© 1999 KAWAI HAYAO FOUNDATION
Original Japanese edition published by SHINCHOSHA PUBLISHING CO., LTD.
Chinese (in simplified character only) translation rights arranged with
SHINCHOSHA PUBLISHING CO., LTD. through Bardon-Chinese Media Agency, Taipei.
simplified Chinese translation copyright © 2023 by Orient Publishing Center.
ALL RIGHTS RESERVED.

霸凌与拒学

著　　者	［日］河合隼雄
译　　者	渠昭（Joanne Qu）
策　　划	刘　鑫
责任编辑	刘　军
封面设计	今亮新声

出 版 人	陈义望
出版发行	东方出版中心
地　　址	上海市仙霞路 345 号
邮政编码	200336
电　　话	021-62417400
印 刷 者	上海盛通时代印刷有限公司

开　　本	787mm×1092mm　1/32
印　　张	8
字　　数	131 千字
版　　次	2024 年 2 月第 1 版
印　　次	2024 年 2 月第 1 次印刷
定　　价	58.00 元

译者的话

作者河合隼雄先生是日本的荣格心理学奠基人,京都大学教育学教授,曾是一位科班出身的高中数学教师,之后转向心理学领域,并长年从事心理咨询工作。由于此书以演讲及对话的形式为主,读者能欣赏到河合先生挥洒自如的幽默谈吐。河合先生与读者分享了许多自己的亲身经历,并通过与日本知名社会评论家、小说家、戏剧家、哲学家的对谈,从心理学、宗教学、教育学等不同视角,对日本当代教育领域中出现的种种问题,包括亲子关系、师生关系等,进行了深度讨论,给出了各种具体建议。

书中俯拾即是的日常生活事例,看似信手拈来,却总能以小见大,引申出新颖别致的观点和切实可行的方法。其中印象特别深的内容之一是作为教师、家长如何帮助孩子发挥个性,保护他们的个性这一点。

作者明确指出,日本霸凌和不上学的原因,可以用一句话解释:"这种无条件地追求全体一致,排除任何与众不同的倾向,正是不上学与霸凌问题出现的主要原因。"河合先生及参与对谈的学者们从东方传统思想、佛教思想的影响等角度分析了孩子们个性长期被压制的问题,并具体提出了如何才能改变现状、使个性得到保护的方法。

比如,河合先生说:"'个性'并不是能教出来的……而这正是人性的妙处所在。"(第25页)因为不是教出来的,保护孩子的个性,就成为热衷于"教"的教师、家长们的难题。"那些过于发奋教书的教师(大人)们,一心只想让孩子走'好孩子'道路。他们没注意到,将自己的好意强加给孩子的同时却压抑了其个性。河合氏认为他们很难察觉,自己的好意背后所具有的暴力性质。""大人的好意有时会成为伤害孩子的利器之一"。(第234页)对此,书中多次谈到,若真想培养个性就不能总想着教,必须学会等。要等到孩子的个性表现出来之后才伸手援助,并具体提出了"默默守护"的方法。

"默默守护"(見守り)(第118页)一词,在日本虽然是很常用的生活用语,但将其用在教育方法上,并不为人熟知。对于什么叫"默默守护",作者解释道"默默守护"就是别对孩子"管头管脚",并指出"默默守护孩子比教孩子需要多花费许多倍的精力"（第 118 页），虽然为了做到"默默守护"，会被累得筋疲力尽，但在努力践行的过程中，大人们能从孩子那里学到许多，"有时你会产生'原来如此'的想法，或者觉得孩子'太棒了'，以至感动得欣喜若狂"（第 119 页）。在对谈中，有位主持人说，"我在高中教书教了二十五年，最近好不容易才做到先生所说的对学生'不断地思考，默默地守护'这一点"（第 120 页）。河合先生认为"不指导，不说教，什么都不做。只要能做到跟孩子待在一起就是最好的"（第 26—27 页）。书中还具体讨论了究竟如何做到"默默守护"，为什么"默默守护"需要更多的精力，默默守护并不是撒手不管等问题。

本书围绕着如何发挥个性的问题，在讨论东、西方传统教育思想、制度体系上差异的同时，对欧美及日本教育进行了大量的实例比较，分析了两种教育体系的根本不同。在翻译本书时，译者正在美国东部的一所大学执教。一次课上讨论东、西方教育的异同时，有个学生用了"set back"（退后一步）一词来说明美国的家长、教师们对孩子较少干涉的态度。那位学生的"set back"一出口，立即让我想到了当时正翻译到的"默默守护"一词，更直接地体会到作者在日本式教育体系中倡导这个方法的妙处所在。

"有所不为的关爱"也是在讨论个性问题时河合先生提到的一个方法。他主张家长需要一种"有所不为的关爱"，认为特别在当今这个时代这种关爱更为重要。"现在的父母们有钱又有闲，家里孩子又少，子女时时处在父母的眼皮底下"（第5页）。有钱又有时间的家长对孩子"事事有预案，处处要插手"，孩子的个性被紧紧地压制在家长们的"关爱"之下。所以，他经常跟人讲"现在作为父母最难的是，为了孩子，'能做到的却坚持不做'这一点"。这种关爱"不是通过给予来表示关爱，而是通过少做点什么来表示关爱，这确实很难"。（第65页）

据说"真难啊""确实很难"是河合先生的口头禅，可只要你继续下去,就一定会柳暗花明。这些留给读者们慢慢领会,并期待大家从中发现自己的新天地。

　　最后,我想借此机会感谢大南・田中宣子女士在翻译过程中提供的许多帮助。她的有些帮助已经超出了语言理解程度的范围。比如,书中谈到夏目漱石的小说《三四郎》中的一句话,那句话的日文本身虽然不难懂,可了解前后文却是必需的。宣子为了一句话的正确理解,竟然仔细通读了那本小说。

渠　昭

2022 年 11 月于波士顿

前　言

　　日本的学校教育正在面临一个重要的变革期。虽然以往的日本学校教育，特别是初等教育取得了一定成果，但在这个国际化浪潮汹涌、社会变化日新月异的时代，有必要从根本上重新认识、评估我们的教育现状。

　　以往的日本教育，注重如何有效地提高全体儿童的平均能力。就此而言，可以说我们已经走在了世界的前列。的确，一名教师能够担任众多孩子的班主任，而且这些孩子的学力也确实在提高。这一点得到了世界许多国家的高度评价。

　　然而，以往日本教育方针的缺陷是，在教育方法上强调整齐划一，视学生为千人一面。这造成了孩子的个性难以发挥，有时甚至扼杀孩子个性的结果。这种无条件地追求全体一致，排除任何与众不同的倾向，正是日本学校出现不上学与霸凌问题的主要原因。

　　日本随着经济上的成功，步入发达国家行列之时，其他国家对日本人的批判也日益强烈。他们指责日本人只善于巧妙利用、"改善"别国的发明创造,坐享其成,而从未有过自己独创性的发明创造。他们认为日本人从不发表自己的意见,而总是在随大流,换句话说就是没个性。

虽然以上有些说法基于误解,但也不能否认其中存在言之有理之处。只有改变以往的教育思想,从初等教育阶段开始尊重每个孩子的个性,才能解决问题。

大概人人都会赞成尊重个性的思想。只是这种赞成大多流于表面。人们没有觉悟到,要达到尊重个性必须经过一场教育大变革。举个例子说,欧美尊重个性的前提,是明确承认人与人之间的能力差距,许多地区在小学阶段允许出现留级或跳级。如果把这样的教育方针原封不动地导入日本,一定会遭到反对。对欧美人来说,像日本这样完全没有意识到这个问题的存在本身,就已经等同于在压抑个性了。我们是否能从这里出发,逐一发现问题,循序渐进呢?

如果我们始终模棱两可地看问题，"尊重个性"便永远只是纸上谈兵。而且，不仅仅是学校，只有每个日本人都发生观念上的转变，才有可能成功。

更难的是，欧美教育方针也并不是完美无缺的。在欧美，甚至有人提出要学习日本的初等教育方针。对欧美教育并不能简单地照葫芦画瓢，全盘照搬。我们必须对其不断地进行研究，舍短取长，制定出一个适应自己的新的教育方针。教育改革必须有这样的觉悟与决心。

（由《寻求新的教育观》一文改题，原载于《教育与医学》1996 年 5 月号）

目　录
Contents

霸凌与拒学 / 113

生存能力与学习能力

孩子的幸福是什么？

神户小学生杀人事件(酒鬼蔷薇圣斗事件，指 1997 年发生的神户儿童连续杀人事件。——日文版编辑部注)，成为促使我们重新审视儿童所处生活环境的一个非常重要的契机。事件本身确实是一个很特殊的案例，但我们却不能因此就不闻不问，也不能认为此事与自家孩子无关。犯罪是社会的阴暗面，而从这个侧面观察，则更容易看清一些社会问题。因此，今天社会上会发生这样的问题，表明了青春期的孩子们生活在巨大的压力下。我们应该认识到，整个社会处于极大的压力下时，被雷电击中的一定是其最脆弱之处。

孩子的幸福是什么？

青春期的孩子在接受罗夏墨迹测验时，常会错误地显示出与"神经分裂症"(综合失调症。——日文版编辑部注)类似的结果。可见青春期就是这样一个可怕的时期。然而，并没有多少成年人记得自己当时的内心活动。因为内心世界实在是今非昔比，所以人们会忘记那个时期的感觉。

青春期难就难在，孩童时代所形成的自己被完全颠覆。其中一种力量是性的冲动，另一种是想要改变什么的权力欲望。这些会从孩子心底涌出，震撼着这个孩子。女孩子的青春期大约从初中时代开始,男孩子稍晚一些。男孩子大约十四岁便无法控制自己了。

过去,青春期的孩子们很自然地得到包括父母在内的家庭、学校、社会的守护,在这种环境下长大成人。当时,社会上各种各样的缓冲机制也很起作用。因此,从前的孩子们,在还没感觉到青春期的艰难之前,就能不知不觉地顺利度过这段时间。然而,对青春期孩子有保护功能的社会、学校和家庭发生了变化,它们曾经担负的"守护"孩子的各种社会机能失去了作用。相反,社会对孩子施加各种压力。孩子得不到应有的保护,也没人能体谅青春期之艰难,唯有精神压力在不断增加。现在的孩子真是可怜。

从社会结构的变化上来具体考察一下。世间有过各种各样的社会机制,帮助孩子们度过这一艰难时期。

比如,年轻人群居场所若者宿①就是其中之一。年轻人可以离开父母家,聚集在若者宿释放青春的躁动,挥霍过剩的精力。但整个社会始终会积极关注着这些机制。所以,时而出格的言行伴随着年轻人的成长,他们成为大人后再重返家庭。

到了近代②,日本开始模仿西方教育,但旧式大家族的

---

① "若者众"指的是日本历史上存在的一种特定的住宿形式。这些场所也是社交聚会场所,来自同一工作场所或地区的年轻人有机会互动并培养感情。——译者注

② 日本指 1868—1945 年。——译者注

某些东西依然存在。兄弟姐妹多的家庭，多少还存在着尊卑有序的小社会，过去社会的一些做法也仍在延续着。

但在今天的日本，那些对青春期孩子能起到保护作用的社会机制全被废弃了。并不是说不应该废弃，那些机制的废弃也有一定的必然性。问题是我们在废弃那些机制的同时，并没有找到一个适当的替代物。

首先，特别是从 20 世纪 70 年代左右开始，核心家庭化迅速形成。现在的父母们有钱有闲，家里孩子又少，子女时时处在父母的眼皮底下。过去家长不怎么管孩子，孩子可以在家长背后恶作剧一下。孩子长大成人的过程中，一定程度上的恶作剧其实是有必要的。现在没这个可能了。有些看似中规中矩的好孩子，没有类似的经历就直接进入青春期。但进入青春期后，他们会出乎意料地突然爆发。这时候父母则不知如何是好。孩子毕竟是孩子，如果没人阻止，事情会越变越糟。并不是说谁是坏孩子，这是一种普遍现象。因此，今天孩子的成长之路更难了。

其次，学校仅以学习成绩的优劣为基准，并不理解青春期孩子的艰难。

从前的社会对孩子的压力，远不如今天。能上高中的也只不过是所有学生的一半左右吧。大家都很穷，上大学的仅是少数。当时并没有到所有的人都必须学习，都必须上好学校这一步。现在日本全国一致，学习不好就是你的过错。

　　价值观的确变得多样化了。价值观因年龄层或职业而异，层出不穷，多到无法适从。然而，表面上虽然多样化，其实高度同质化。其中最一致的是"名校毕业，在大公司上班"这一点。说起学校，无论老师或家长都只看成绩。而且，日本人很有代表性的一种想法是，只要努力谁都会成功。其实真的完全不是这么一回事（笑）。

　　进初中以后如果成绩不好，大家会说你没希望了，你就是个"学渣"。孩子听了当然会很生气。这时候，没有大人会跟孩子说"即使你不学习，到时候也一定能找到一份有意思的工作"。

　　从某种意义上说，美国和欧洲比日本竞争更激烈。虽然竞争激烈，但因为价值观的多样化，孩子不会轻易对自己丧失信心。他们知道，即使不学习，也会有许多其他有意思的选择。可回头看日本，家长就一句话"我家孩子在班上第几？"，老师也同样在乎这个。这句话的前提是任何人只要努力就能得第一。大家公认，那些成绩不好的学生只是因为没有努力而已。

　　学校和家长被这种日式价值观所左右，却从未考虑过究竟什么才是孩子的幸福。

　　学校里确实有一些教师想方设法要改变现状。但家长们却对这样的教师没有好感，说他们没教学生任何东西。

　　有些老师努力通过各种活动来发现学生的个性。比如，让学生制作老师的成绩册，给老师写评语。学生们非常愿意,乐此不倦。

另外,有的老师带学生们去海滩,跟学生们说"这个活动和平时的学习不一样,大家一定能看到同窗好友与平日完全不同的一面,请大家用心去发现其他同学的一些长处"。

回到教室后,老师让学生们把某某同学的优点写下来。老师再把同学们写的总括一下,发还给每个学生。这样,学生们所看到的,都是其他同学写的自己的优点,而且还注明了来自哪位同学。结果每个同学都喜出望外。即使是那些在班上受排斥的孩子,大家也只会看他们的闪光点。因为这个活动与成绩无关。

然而,学生们把这个收获带回家,却没有哪个家长有反应。没有家长欣赏老师的这种做法。他们只在乎自家孩子是第几名。

于是,有人说文部省(现在的文部科学省。——日文版编辑部注)不好,有人说学校不好,我认为并非如此,是日本人不好(笑)。这是一个关系到我们日本全民活法的问题。

从 70 年代开始,我们就竭尽全力谈及这个问题,可非常遗憾的是言者谆谆,听者藐藐。不过我认为,今天的日本人快要意识到这个问题了。就算孩子上了好大学,进了好公司,不见得父母和孩子就都很幸福。相比之下,小时候悠闲自得,长大后能孝敬父母的人要好得多。

有这么一档事。哥哥考上了超一流大学。弟弟不爱学习,很早就说自己不喜欢学习,上完高中就不上学了。这孩子高中毕业后开始工作，埋头苦干，后来结婚了。父母为此欢天喜地。而哥哥呢，不适应大学的生活和学习，成天稀里糊涂，结果连大学是否能毕业都成了问题。哥哥由于适应力实在太差，后来到我的诊所来治疗。小时候，哥哥是好孩子，弟弟是坏孩子，后来则反过来了。有个旁观者感叹道："真不知道到底哪个是好孩子了。"

幼儿教育也很令人无奈。家长决定让孩子学什么的时候，多数是随大流。日本人从不说"我打算这样走自己的人生道路"。一开口就是"人家是怎么想的呢?"评估某些事的基准，并不是根据"自己"的情况而定。没人会说"不管怎么说，我家孩子就是个好孩子"，而是说"不管怎么说，我家的孩子到底是第几名啊?"仅此而已。确实，如果从幼儿园就开始受教育的话，刚上小学时成绩肯定会比别人的好。然而，小学一、二、三年级取得好成绩这一点，与孩子的未来几乎完全没有关系。可人们对此并不了解。

但当我们跟大家说明这个道理时，家长的反应是"虽然这么说，脑子好使的孩子也许在大学时代会努力，我家孩子可说不准"。

家长们的不安，结果都是靠提早教育的方法来解决的。

现在我们看日本的身份制度，当然会觉得很荒谬。但有意思的是，再荒谬的制度也会有些可取之处。身份制度带来了一种安心感。因为你只要处于这么一种制度下，身份和责任等就不会有变化。这也就免去了一些不必要的竞争。然而,制度一旦被取消,就无法坐等他人的安排。你必须按照自己的判断来考虑孩子的前途。但日本人一向不善于自己判断,除非是在相对条件下做比较判断。况且日本人又一夜暴富,还正在沾沾自喜呢。现在这些既有钱又有时间的父母认为,自己要为孩子创造所有的幸福,得让孩子丰衣足食,得让孩子上好学校。他们觉得这就是孩子的幸福。这都是些糊涂话,家长真正需要给孩子们的另有所在。

家庭危机的表面化

老师也不容易。孩子们都在不断地成熟。实际上确实有学生这么说:"我们打老师也就打了,可老师不敢打我们。如果我们向教育委员会①告他的状,他一下子就完蛋了。"

再说,初中生这个年纪的孩子,一旦发作起来就横冲直撞,六亲不认,他们控制不住自己的行为。别人上去阻拦也往往会无济于事。毫无疑问,这时候老师不能使用暴力。偶尔有老师以暴制暴,结果是老师自乱阵脚。真是束手无策。

学生们对真正的好老师是很有感觉的。就算家长有些许牢骚,只要老师在努力,家长最终也会认可。家长们会

---

① 教育委员会:在日本,教育委员会指各个地方政府层级设立的机构,负责监督和管理该地区的教育事务。教育委员会的职责包括制定和执行教育政策、管理学校、聘请和管理教师,以及确保教育质量。——译者注

说："之所以这个老师好，是因为孩子如此喜欢这个老师，也能听老师的话。"这样的老师，即使对不爱学习的学生也会一视同仁，同样尊重这个孩子的人格。

但是，在有谁打碎玻璃，突发集体暴力时，往往为时已晚。因此有必要提供一些机会，让孩子们能单独可控地发泄一下。

最后谈谈家庭问题，这也是个越来越棘手的问题。现在，家庭本应具有的功能在减弱，能使孩子和父母其乐融融的那种经历比以前少了很多。

人有钱后会花钱求省心，结果则是人与人之间许多烦琐的关系也都会随之消失。家庭成员之间的小打小闹，对父母亲来说要费力劳神的麻烦，只要有钱就都可以让它们消失殆尽。这就是所谓家庭关系的"表面化"。并不是说现当今的父母有问题。这是物质过剩所带来的结果。随着物质的增多，人们的感激之心减少了。

一穷二白的时代，父母不经意地给孩子一点什么，孩子都会喜出望外。孩子们在五月五日能吃上柏饼（槲叶米糕）就开心极了。可现在呢，没有哪个孩子还会因为能吃上米糕而兴奋。有时候，父母带着孩子开车出去转转，途中顺便在路边餐馆吃顿饭什么的。可其实当爸爸的并不是特别情愿（笑）。心里想着还不如去打高尔夫呢。这样，孩子当然也不会欢呼雀跃。

过去当父亲的虽然很少跟孩子们一起玩儿，但如果有时候爸爸下班带点东西回来，孩子就特别开心，会觉得世上只有爸爸好(笑)。这是自然而然地形成的一种生活模式。

说这些并非想回到过去，也不是说以前比现在好。现在的生活，物质上应有尽有，处处方便，是非常美好的。如果想保持这种美好的生活，作为家长必须改变某些思维方式。各家各户都要努力。比如说，规定好家里平时不买蛋糕，除非有人过生日。一旦定出规矩便成果可期。这么做的话，孩子的感激就会跟以前完全不同。孩子也一定会十分期待自己的生日。诸如此类，每一个家庭都需要努力才能解决问题。

此外，家长们有这样的担心。有些东西别人家的孩子都有，可自己家的孩子没有，觉得对不住孩子。其实孩子知情后并不会生气。我小时候就基本上没人给我买过玩具。但我们自己想办法照样也玩得很开心。我们那时候反倒以没有玩具而自豪呢。

而美国人深谙此理，他们对孩子比较严厉。父母有钱就会给孩子买车，这在美国是匪夷所思的。家庭富裕的孩子，也得自己挣钱买车。这样，孩子心存感慨，因为这是自己的劳动所得。

现今人们被富有所左右，造成了家庭关系的表面化。很多事情变得扑朔迷离。为使孩子常怀感激之心，不误入迷途，父母们需要做出很大努力。但这实在不是一件容易的事。

不过，如果孩子们确实有了如上体验后再进入青春期，那么在青春期即使发生一些问题也无大碍。问题是在之前的过程中，如果准备不到位，到了青春期再临时抱佛脚，就难上加难了。

创造日本的父性

还有人议论说，如果恢复了父权制就能解决问题。其实我们并没有所谓可以恢复的父权，这个说法本身存在问题。虽然日本社会结构上曾出现过父权制，但仅仅是在战国时代①而已，此后日本则再也没有过父权制。尽管明治时期的父亲很有威严，二战前的父亲看上去也很有气派，但这不是父性的伟大，而是当时的社会结构让人觉得父亲庄严、伟大而已。作为个人的父亲这一存在，还不如说是为整个日本国家服务的，是对日本母性原理的辅助。所以我们现在所需要的不是恢复父权制，而是创造父性。

那么，为什么说有必要创造父性呢？

我所说的父性指的是尊重"个体"的存在，而母性则是"包容"性的存在。母亲注重"大家一起来""大家都一样"。而父性则主张"彼此不同"、严格的"个体"性。

与欧美的父性社会结构正相反，日本在心理上是一个母性优先的国家。在日本，与个人的个性和自我意识相比，更注重整体的和谐。这正说明了日本存在着很强的母性原理。

---

① 日本战国年代指 1467—1600 或 1615 年。——译者注

　　然而，通过日本与西方的交流，日本年轻人从内心深处开始追求"个体"的力量了。他们不断地追问自己的父母"你对人生到底是怎么认识的？"却没有父亲出来回答这个问题。日本这个在母性原理作用下的社会，似乎很难有人说出"我是这么认为的"这句话。可对于孩子们来说，最想听到的就是这句话。孩子们向往着一个实实在在的父亲。所以，每一对夫妇都要设法明示"对我们家来说这样做比较好"。同时，我们所需要的并不是照搬西方，而是要创造出本国人的父性。

　　美国与日本正相反。父性原理过于强大，而对其有辅助作用的母性原理却很薄弱，因而时常发生一些荒唐的事情。而日本的情况是，当母性原理过于凸显时，却没有对其有辅助作用的父性原理。然而这两方面的情况非常类似。在受父性原理支配的竞争中，弱者会输得很惨。他们会被逼入绝境。有些做法会非常残酷。而在母性原理较强的社会，那些无意追求有个性的人可以很自在，没有压力。但你若想表现出自己的个性，则会承受巨大压力。而对这种压力的反作用，正是神户连续儿童杀人事件出现的原因所在。

日本人全体的问题

　　过去的父母亲不用考虑各自的职责任务，对不对？在大家族制里，父亲的职责是由长老承担的。父母都各忙各的，不用盯着孩子。

虽说放手不管，其实在大家族这个整体里，有人担当父母的职责。现在突然要从这个顺顺当当、运作正常的做法中走出来，说是要变成核心家庭了。大家本来分担做的工作，现在得各自解决了。这样，如果有人做得不到位，当然会出问题。

我们既然选择了核心家庭，就必须弄清其意义所在。做自己喜欢的事情并不容易。但如果父母能在对此有充分的认识下生活，孩子也一定能感同身受。当然对孩子的管教也是必不可少的。

今天这样的物质上应有尽有、生活上如此方便的社会是前所未有的。从这个意义上来说，日本人取得了空前的成就，我们做得非常好。接下来需要发挥我们的智慧，来变革我们的家庭和教育。

我经常说，虽然社会上"有问题的儿童"令人操心，但不正是他们在唤起我们的注意吗？

出现问题，说明我们的一些想法需要改变。我们不应该把出现问题视为失败，危机即是转机。对那些后来才意识到问题，才开始努力的人来说，可谓塞翁失马，焉知非福。有些家长说因为孩子如此这般，唤醒了我们，反而帮了大忙。我始终相信祸福相依，否极泰来。

（本文曾以《无法做到"父性复权"》为题，发表于《文艺春秋》1997 年 10 月号）

培养生存能力

关于"生存能力"

人们开始强调要在教育中培养孩子们的"生存能力"。众所周知,生存能力人皆有之。在此,我们首先必须认识到,由于目前日本社会及家庭的某些状况,我们不得不专门讨论这个问题。

我们只要去发展中国家看一下,就会有切实体会。不说那些食不果腹的贫瘠之地,只在那些略显贫困的地区,一定会注意到孩子们生气勃勃、活泼可爱的表情。自杀和拒食症与那里的孩子无缘。

在已经实现现代化的国家,虽然现代文明给人们带来了许多方便和舒适,但维护这些便利是需要付出代价的。由于文明与"自然"泾渭分明,不恰当的努力会使人们失去自然的、与生俱来的"生存能力"。特别是一直以来,日本始终在拼命追赶欧美先进国家,力求尽早掌握那些现成的知识和技术。结果,在急于吸取近代文明浮在表面的成就时,却渐渐忽视、切断了自己文化的根基,以至于削弱了与生俱来的"生存能力"。至此已经到不得不好好反省的时候了。

我们并不是说日本教育(特别是初等教育)失败了。相反,战败后五十年时间里,日本不仅重新站起来了,而且走进了先进国家的行列。从这点上看，应该说取得了很大的成功。然而，在被称为"经济大国"的今天，日本必须大大改变之前的教育方针。

我们一直以来过于注重提高全体学生的平均水平，造成了极为整齐划一的结果。从而形成了忽视孩子的个性，实行强制性的统一考试，将知识量作为衡量孩子价值的唯一标准的局面。孩子们的压力倍增，诸如霸凌和不上学的问题也随之频频出现。

话虽如此，并不是说对孩子可以放任自流，或不让他们经受磨炼。我们所讨论的是指导或教育上的失策，导致孩子丧失"生存能力"的问题。我们需要的是发挥而不是抹杀个性的教育。这是一件知易行难的事情。我们每个教师和家长都应该反省一下，看看自己是否曾以"教育"和"指导"为名而抹杀了孩子的个性。

"培养"与"成长"

我们常说"培养"孩子。但不能忘记，孩子们也有自然"成长"的一面。特别是在个性或生存能力等方面，很大部分是自然养成的。然而，虽说自己可以长大，但如果完全弃而不顾也长不好。成长是需要条件的。其可视为土壤，亦可视为器皿。

在孩子"生存能力"的形成过程中，教师和父母亲好比"土壤"般的存在。具体地说，这应该是一种孩子们可以"安下心来做自己喜欢做的事情"的环境。有时候只要说到"那位老师会跟我们在一起",学生们就欢欣鼓舞,能做自己喜欢做的事情。在这样的环境里,孩子们一定能提高他们的"生存能力"。

要成为这样的教师或家长,你必须有自己的个性。作为一个家长或教师,若能在工作中充分发挥出自己的个性,会得到多少乐趣! 自己能感觉到愉悦时,正是充分发挥了自己个性的时候。为了真正得到乐趣,你必须充分发挥自己的个性、才能。只有做到了这一点,才能成为孩子们成长过程中的土壤。

统一指导比较简单,若想调动每个孩子的个性则需要花相应的功夫。然而老师和家长最开心的时候,不也正是这方面的努力结出硕果的时候吗?

我们来看一些实例。一个小学老师决定利用课外活动时间,举办班上孩子的生日会。虽然课外活动的时间很短,但负责生日会的同学当天很早就来到学校。除了在黑板上写上"某某同学生日快乐"之外,还准备了各种生日礼物。虽说是礼物,并不是花钱买的,而是或写或画,把礼物呈现在黑板上。有的孩子画一个带着许多可爱装饰的蛋糕,有的孩子写"上次的数学课上你表现真好"。这些好就好在是每个孩子自己出主意想办法写画出来的。另外,因为每个人都有生日,这个活动也是一个非常平等的活动。这样,一分钱不花,每个孩子都能有一个高兴的生日会体验。

　　虽说做事感到乐趣,这说明发挥了自己的能力。但人生总有酸甜苦辣,有苦才有乐。学习也好,体育运动也好,要想真正从中得到乐趣,需要付出相应的劳动。苦中有乐,乐在其中是很自然的事情。然而,在日本有一种越苦越好的单纯认识,在体育训练中则提倡"严苛训练"。这种方法如使用不当,会伤害孩子的个性。相对于欧美有效集中的体育训练方法,日本则偏重于长时间的坚韧刻苦。而其结果并没有能加强或提高选手素质,这从奥运会竞技结果来看,可谓不言而喻。

　　日本今后在指导课外活动方面,必须考虑到学生的个性,以及有效地利用时间等问题。对于各项课外小组活动,我们应该动脑筋想办法,改变每天过长时间训练的状况。

　　以前,我们过于重视学生是否能快速、大量地吸收书本知识的能力了。而且,大学入学考试的大部分试题是以测验这方面的能力为中心的。今后必须改变这种状况。我们应该更高地评价拥有独创思想,并能将其清楚地传达给别人的那种能力。关于大学入学考试的试题,是否可以将初中、高中以及大学老师召集在一起,成立一个研究会来共同讨论呢?

　　培养孩子的生存能力,不像书本知识那样看得见、摸得着,可以评估测试。所以一些急于见到成绩的家长,并不欣赏对这种能力的培养工作。然而,生存能力最终对孩子的未来至关重要。教师、家长、社区有关人士应该互相协助,共同努力,提高这方面的认识。

恶的意义

关于"生存能力",上一节做了一些理论方面的概述。现在说说具体情况。最近我刚完成《孩子与恶》(岩波书店)一书,在书稿的校对过程中发现,在这本书中恰巧能看到孩子"生存能力"方面的一些具体例子。简而言之,孩子的"生存能力"很容易通过"恶"表现出来。

举一个简单的例子。在幼儿园,有一个没人爱搭理的孩子。这孩子总是孤零零一个人。但有一天他开始注意身边的一个孩子,然后走过去掐了那个孩子一下。被掐的孩子当然马上躲开了。过了一会儿,他又来掐这个孩子。如果我们自己是幼儿园的老师,会怎么考虑又如何处理这件事呢? 实际上,这个孩子一直很孤立,想要交朋友。他的这一举动正是这种心境的流露。遗憾的是,这个孩子没能成功地表达出自己的心愿。结果,他掐了别人之后,被掐的孩子说着"疼!"朝他看了一眼。他之所以这么做,是因为好歹他也跟那个孩子之间建立了一种关系。当然,掐那个孩子的本意是因为喜欢那个孩子。

掐别人不好。可这里的具体情况却表现了一个孤独的孩子想亲近别人——体现了其生存能力——的愿望。虽说如此,当然不能表扬那个掐别人的孩子。在制止这个行为的过程中,如果老师能意识到,或许这个孩子是想通过这个举动和别的孩子交朋友，而不是简单地认为，这个孩子是不听大人话的坏孩子，那么处理这件事的方法就一定会有所不同。

再举一例。有个老师在小学高年级班里收班费时，把钱随便放在自己的抽屉里了。结果结算时发现少了一千日元。老师觉得不可能有这样的事吧。为慎重起见，老师让全班学生把自己的抽屉打开。结果在一个孩子的抽屉里，发现了那张一千元日币。这个孩子立即说是他偷拿了。老师反复考虑，为什么这个学生会做这种近乎不打自招的"盗窃"行为呢？按理来说，一张一千元的日币，是很容易被藏起来的。老师想，说不定是这个学生在找机会跟自己单独聊聊。下课后，老师选了个不引人注目的地方，花时间跟这个学生谈了心。结果这个孩子向老师吐露出了一些难以启齿的家庭问题给他带来的烦恼。当然，这位教师后来为了帮助解决问题，做了许多努力。

在这种情况下，实际上做坏事的行为是"求助"的信号。孩子为家庭问题所困扰而一筹莫展，他感觉自己的"生存能力"不够强，所以在设法寻求救助，在创造一个跟老师个别谈心的机会。有人问，为什么不直接跟老师说明缘由呢？这些人根本不理解处在困境中的孩子的真正痛苦。实际上，这是孩子在被逼向绝境的紧迫时刻，求救于人的表现。

一些孩子的不良行为有时是对家长、教师的"警告"。孩子做了一些不好的事情，大人在训斥孩子的过程中，有时会觉悟到原来自己也有需要反省之处。当然，孩子不是故意作恶,而是他们内部的"生存能力"在设法寻求活路时,带出了一些不良行为。

如何对待恶

有人认为恶是一个人开始自立的表现。孩子们终究要自立的。事实上在自立的过程中,孩子会以某种形式与大人对立,会对大人高声说"不"。虽说经过了这个过程之后,自己长大成人,也开始理解大人的世界,可不管怎么样,在此之前总会发生某种形式的逆反。这个时候有可能出现"不良行为"。

一些初中、高中学生随便顶撞老师,轻易违反校规。这样的学生的内心活动是由上述逆反心理支配的。然而,一些对此半懂不懂的家长或教师认为,这些逆反行为是自立过程中的自然现象,故而对其置之不理。这实在是一个极大的错误。实际上,孩子恰恰是在与大人磕磕碰碰中得到成长契机的。

在一个初中出现了殴打老师的学生。当训导处的老师提醒这个学生要注意自己的言行时,学生说:"我做了坏事老师也视而不见,我心里有气才打了老师。"训导处将这个学生的怨言转告了这位老师。结果,当这个学生又做坏事被当面指出时,他却说"别那么居高临下地训我",又一次殴打了这位老师。这位老师悲叹道,不知该如何对待这样的学生。

问题的重点在于,被打的老师太缺乏自主性了。他最初对学生的恶习视而不见,在被学生告状后决定"那以后还是给学生一些警告吧",这也实在太敷衍了。在此,我们很难看到教师自身的人生态度究竟如何。教师的"生存能力"已经枯竭了。当学生的"生存能力"以不良行为这一消极状态表现出来时,教师则需要用自己积极向上的"生存能力"来应对和处理。

虽说如此,也并不是对学生只用加以斥责和管束就完事了。老师必须仔细理解以上所提及"恶的含义",否则孩子好不容易萌生的"生存能力"即会遭到无端遏止。

逐渐理解学生,接受学生的正面挑战,这实在很不容易。所以还有一些老师采取其他态度。比如他们会对有逆反行为的学生说:"我很能理解你的心情,可作为一个初中生,你得遵守校则呀。"结果会遭到学生的怒吼:"别装出一副你对我们有多理解的样子!"

正如学生所说的那样,老师通过装出一副"理解"或"通情达理"的样子,好使自己省心省力。这也正是问题所在。孩子不顾一切地冲撞过来,而老师却巧妙地躲闪开去。或者说巧妙地把真正的自己藏在"通情达理"的掩护之下了。学生最想看到的是教师本人的"生存能力"。他们很想知道老师的这种能力是如何表现出来的,这也可以说是他们"恶作剧"的一个原因。

培养"生存能力"是一项十分艰巨的工作,不能含糊。

可是大家也一定能够察觉到,跟孩子们在一起,在积极努力地帮助他们解决问题的过程中,我们自身的"生存能力"也会逐渐加强。

"生存能力"用进废退。教师们如果能认识到这一点,也会进一步发现自己工作的意义和价值。

(《兵库教育》1997 年 4 月号、5 月号)

培养学习能力

今天谈谈关于"如何培养孩子学习能力"的问题。在座各位好像图书馆方面的工作人员比较多,我尽可能多说一些与此相关的话题。我一般尽量谢绝演讲,因为在我的工作中,所处理的就是一对一的人际关系。千人千面,个性化地面对每一个人绝非易事。千人一面的做法是行不通的。所以对我们来说,演讲是一件很危险的事。如果经常说一些大家普遍认同的话,同时又习惯了这种思维方式,那么在进行一对一的面谈时就会变得很难。我意识到这个问题之后,即使参加演讲也不考虑演讲题目。不料今天还是以此为题上台演讲。

关于"培育学习能力"

"培育"真是一个好词。我平时经常说,"教育"由"教"和"育"两字组成,可似乎有太多的人更喜欢"教"。其实,"教"学生和"培育"学生这两方面都需要。然而,大家都在说"教师""教师",却没听见有谁说"育师"。我更愿意当"育师"。我们总是想鼓励孩子"多读一点书",在座各位在阅读推广第一线上,为此也一定备尝艰辛。鼓励孩子爱读书并非易事。多半劝说孩子的老师自己也并不读书。那么,教育的"育"指的是什么呢?

刚才我们也说到,所谓"个人"就是每个人都不尽相同。这并不是能教出来的。大家经常会大谈个性问题,但个性并不是教得出来的。比如那孩子总是那样,但这靠教是改变不了的。但是,如果事事与人相左又不是个性了。而这正是人性的妙处所在。学会如何培养个性,需要各方面的学习和修养。各位是教师,是教育者。所以大家既需要做"教"的工作,也需要做"育"的工作。

我刚刚说过自己是一名"育师",所以很少教。我的工作是,当不愿意学习的孩子找我咨询时,想办法把他们培养成爱学习的孩子。怎么办呢？很简单,那就是什么都不做。可事实上没有比这更难的事情了。

说一个具体例子,希望能帮助大家理解。说到学习,有个以前学习很好,后来学习有障碍的孩子来过我的诊所。从孩子的母亲那儿得知,孩子学习的时候一直在担心,总觉得还有什么没做完,从而造成失眠。小学四年级的孩子中经常会发生类似情况。

在座各位的工作与图书相关,一定有许多人读过儿童文学作品。在儿童文学作品里,十来岁的主人公特别多。这是一个处于转变的年龄。在这个年龄段里,会出现一些本来对读书完全没兴趣,而突然产生兴趣的孩子。另外,也是在这个年龄段,孩子会第一次意识到"在世界上没有一个人和自己完全一样"。不少这个年龄的孩子,会突然感到寂寞、孤独和不安。他们开始对读书感兴趣,想从中找到一些依赖。如果遇到这样的孩子,请务必伸开双臂,迎接他们。

　　有些孩子本来在学习上完全没有问题,却突然出现一些状况变得几乎无法学习了。比如,因为害怕细菌,洗手要洗三十分钟。有的对水龙头不放心就洗水龙头,有的担心擦手巾不干净,就把擦手巾全部一张一张地挂起来,等等。这样,他们来到我的诊所。为这类问题所困的孩子找到我们,而我们唯一能做的,就是"玩"。无论什么样的孩子来了,我们都说"玩什么都行,先玩一会儿吧"。可他们却不肯玩。我们渐渐耐不住性子,气得对他们大声喊"玩呀!"也无济于事。关键在于,这个孩子得自己想玩。也就是说,孩子的学习动力在自主性得到尊重的情况下才会形成。所以在讲"个人"或"个性"之前,重在尊重孩子的自主性。孩子的自主性得到尊重后,他才会说"我们一起玩吧"。不经过足够的训练很难达到这种效果。孩子们都很敏锐,能感受到我们的内心活动。当看着那个孩子什么都不做的时候,我会一边想"真是什么也不做啊",一边看着孩子发呆。实际上,咨询时要能做到这一点,是需要长期训练的。当孩子觉得这个大人好像还行时,便会有所动心。遗憾的是没有多少孩子只玩一次就解决问题的。差不多玩十五六次之后才会慢慢好起来。大家都会问我:"先生,您跟孩子说了些什么?""您是如何对孩子进行指导的?"可我对孩子什么都没说,也没做任何指导。这一点其实至关重要。不指导,不说教,什么都不做。只要能做到跟孩子待在一起就是最好的。大家在图书馆工作,如果有孩子会想到,只要那个老师在自己就想去图书馆,那就是最好的。如何才能做到这一点呢,这也需要训练。

作为一个教师,当你看到什么想大喝一声的时候,最好先等三秒钟。如果等一会儿,在等的过程中就会看到一些很有意思的事情。比如学生打架了,老师在忙着说"住手"制止他们之前,需要先观察一下。见到学生打架,有的教师会先在心里琢磨如何解决,"管,还是不管",是说"住手""和好吧",还是"再看看"呢,等等。这时虽然老师心里在斗争着、反复琢磨着,别人却察觉不到。这样的老师属于非常优秀的老师。你是想当这种老师呢,还是当以教为主的老师呢,这一点至关重要。作为一种训练可以先试着学会等。光等不行,还要边等边看。在这个过程中,会产生新的想法。有时候想"啊,打得太厉害了",有时会想"对了,可以这样解决"。这些经验的积累,会使老师渐渐掌握今后处理问题的方法。

有一点如果能弄清楚非常重要,那就是成天东奔西走、忙成一团的老师不一定是好老师。还有一种老师,只有孩子在动,老师这边虽然心在动,可从外表上却看不出来。他或许在琢磨着今天能做到哪一步等问题。一个老师如果开始用心考虑这些问题了,就会越做越好,便会慢慢积累起类似"那天还好等了一下"这样的经验。

设法培养学生的自主性

希望大家不要有教师无所事事才好的误会。这里有一个究竟给学生多少指点的程度问题。指点不能过多。在考虑如何培养学生自主性时，需要考虑自己的参与度的问题。

举一个读书方面的例子。在三重县四日市有一个名为"旋转木马书店"的儿童书籍专卖店，只卖儿童书籍不卖漫画书。一个幼儿园跟这个书店建立了合作关系。幼儿园孩子远足的时候，会顺路来这个书店。书店里除了书还有玩具，幼儿园的孩子们可以随便看看少儿书，玩玩自己喜欢的玩具。在附近的树林里吃便当，归途中买上自己喜欢的书。孩子们特别用心看自己买的书，还会告诉小朋友"你可得看看这本书"。这样增加了许多爱看书的孩子。在没有任何强制的情况下，孩子们很自然地得到了看书的乐趣。

另外，这个书店还设法让初中生自己为学校挑选图书。他们把书拿到学校，在礼堂的坐垫上摆出学生们可能会有兴趣的书。大家可以随便看看、翻翻自己喜欢的图书。他们的方法是，让孩子们将自己喜欢的书推荐给学校图书馆。孩子们希望有人阅读自己选的书，所以也会告诉朋友。有时候老师规定要看的书他们可能不看，可朋友推荐的书却会看。据说，这个方法大大提高了图书的利用率。

由于个人的自主性受到尊重，孩子会去选择自己喜欢的书。我希望这个例子能够对在座各位有所启发。选择图书不是件容易的事。可当孩子们感觉到自己的判断力得到了认可，则会十分认真地去对待这件事。

读书环境

如何给儿童创造读书环境是一个难题。现在不少孩子虽然有很多书却不愿意看。有人来找我咨询，常常会问"这是为什么?"他们倾诉，过去自己想看书却没条件。因为不想让孩子有自己那样的遗憾，所以买了许多书摆在那儿，让孩子挑自己喜欢的看，可孩子却根本不看。实际上你把书放在孩子面前让他们看，他们是不会看的。重要的是，只有孩子由衷地想去看这本书的时候，才会认真去看。

我从来没给自己的孩子们买过"全集"之类的书。孩子对某本书有兴趣了，就带他们一起到书店去。商定预算是一千五百日元，说好"一小时后碰头，到时候决定好自己想买的书"，然后解散，买了书之后回家。这样孩子们就会看书。看了以后肯定说下次还想看另一本书。这个时候关键的是不能立即给他们买。选好一个买书的日子，比如定在下次哥哥过生日或下一个圣诞节。届时大家一起去买书，有时候他们看着看着，说是想买那本两千日元的书。这时候让兄弟之间协商一下，找个互助的办法解决问题。这样，好不容易买到手的书不就更宝贵了吗? 结果自己喜欢的书就会渐渐多起来。

一开始就要求孩子看某本书的话，我想孩子是不会愿意看的。有几句话想跟家长说一下。如果父母想让孩子看某本书，自己看了以后就说"太有意思了，绝对有意思。可小孩不能看"，然后把书橱锁起来不让他们看。哪天出门这个锁忘锁了，孩子们绝对会看这本书。一旦孩子们渐渐体会到看书的乐趣，以后就比较容易了。

拥有一些"有意思"的书

开始我们半开玩笑地说起，究竟如何让孩子知道读书的乐趣。结果发现，到头来如果家长自己对读书没兴趣，那就比较麻烦。这和教师或图书馆员是否拥有自己真正喜爱的书相关。有趣的书和有用的书相比，当然是有趣第一。大人如果发现自己特别喜爱的书，可以读给孩子听。一般来说，孩子们在听大人念故事的过程中，觉得有意思了便会自然而然地开始看书。

孩子们在意父母及老师的感受。这是因为大人们读书有时会读得很兴奋。如果读书的人没进入状态，就兴奋不起来。读书读得有意思，是因为自己在读书的过程中进入了角色。所以，读书不进入角色不行。你读书被打动时的感觉，一定会影响孩子。幼儿园的老师给孩子念书时，把图画书打开后站在旁边，边念边在孩子们的注目中一页一页地翻过去。这样孩子们一定会兴趣盎然地睁大眼睛看着画面。在座的各位也一定请去试一下。不仅是幼儿园，小学二、三年级，课间休息或午休时，如果老师说"这儿有一本书实在太棒了,现在就念出来给大家听听好不好",念的时候一定会有学生过来听。

说到读书,我想到了两件事。

子安美知子是曾翻译过德国儿童文学作家米歇尔·恩德(Michael Andreas Helmuth Ende)少儿书的译者。她非常喜欢孩子。在自己侄女过生日那天,她带着自己翻译的一本书,打算念给侄女听。这时候家里正巧有几个小朋友在。侄女说:"姑姑,给我们念这本书吧。"这时有两个孩子坐下来开始听她念少儿书。另外还有个孩子则不以为然地说:"嗨,不听都知道""反正最后胜了呗"。念少儿书的时候他没听。当时子安美知子想让他去吧,也没过多理会。念完少儿书以后,那个孩子过来说:"阿姨,再念一次吧。"虽然子安听了有点吃惊,但想到孩子好不容易想听了,就把书重新打开打算再念一遍。这时候,这孩子又说:"这次就给我一个人念吧。"子安说她听了后颇有感触。孩子们非常敏感,感受力极强。子安认为,如果孩子觉得自己没可能给他念的话,是不会跟自己提出这个要求的。正是认为这个阿姨能接受自己,孩子才会这么要求。我想说的是,子安能想到这一点真了不起。

我们大人常常面对那种"失败",作为一个教师一定要搞清楚的是,对于"失败"我们是否有畅通的言路。大人说话好像总是对的,实际上却经常有许多错误。有时候我们并没有对孩子充分敞开胸怀,去倾听他们的心声。当我们对孩子有厌烦情绪时,其实可能其他方面出现了问题。

有一个很能说明问题的例子。在一个幼儿园,老师打开图画书要给小朋友们念。孩子们兴趣盎然地睁大了眼睛。今天是保育参观日,老师知道妈妈们看了也一定高兴,便给孩子们念起了图画书。正当念到关键处时,一个孩子突然说"要去小便"。等老师带着那个孩子完事回来,孩子们一股脑地都到那边去了。结果老师失去了一个很好的表演机会。大家猜这个老师后来怎么说的?老师说:"坏就坏在我今天有些端着。"意思是说,老师自己本来完全有本事控制住孩子,给家长显摆一下。也就是说老师今天跟平时不一样。如果老师端着演戏,那么老师和孩子的心就不在一起了。对那些本来就有一点不安的孩子,或是每天总是绕着老师喊着要抱的孩子来说,这时的老师就好像变成了另一个人似的,会给他们带来极大的不安。孩子虽然不会用语言表达自己的心情,说"老师你今天不像老师,应该反省",可孩子心里还是能感觉到,今天的气氛有点奇怪。

孩子总是很在意自己跟老师的关系。所以,他们十分明白今天的老师跟平时有些不一样,或今天到底是在给谁念书。在这点上大人就不如孩子。所以,老师与其说"你们要好好看书,看书很重要",还不如告诉孩子老师自己到底喜欢不喜欢这本书,这种说法更容易打动孩子。这个道理一般不会错。

如何使孩子动心

当孩子们觉得"真有意思"的时候，大家的指导方法就掌握得差不多了。最初的一些做法比较关键。过分的或不恰当的指导会挫伤孩子的积极性。像刚才那个幼儿园的老师那样，刚想着"要做一件让妈妈们吃惊的事情"，马上就被喝了个倒彩。

我曾听过一个高中语文老师教孩子写作文的事情。日本的许多高中生不喜欢写作文，初中生也有类似情况。这位老师认为，若不是学生们自己由衷地觉得写作文有意思，那么就很难教学生如何写作文。这样，老师就建议学生，"你们既然这么不喜欢写作文，那么就说说你们有多讨厌写作文吧"。因为是在课堂上，所以大家就进行不出声的笔谈。还规定可以用方言讨论。大家组成一对一的小组，两人一起谈一谈写作文的烦恼，倒一倒苦水。

过了一会儿，老师说你们好像写得够多的，可以念一念吗？孩子们说"可以"，然后都在班上念了。大家觉得有趣，都很兴奋。老师又说"你们讲得都挺有意思，但怎么才能转达给其他高中生呢"，然后大家便开始重新编写自己的对话，最后写成正儿八经的作文。这就是一篇以"讨厌写作文"为题的作文。听说一年以后，孩子们都能写二十张纸（方格纸）左右长的作文了。我们刚刚谈到自主性和个性，只要尊重孩子的自主性和个性，他们真正的心情就会破堤而出。这非常重要。

这位老师教写作文，是从同学之间的会话开始的。这个方法很成功。另外，老师允许学生用方言这一点也很了不起。我说话也用方言，用标准日语就说不好。我第一次在电视台讲话的时候，咬着牙用标准日语讲完四十五分钟。之后，电视台的工作人员过来跟我说，先生的关西方言说得真好啊。自那之后自己就没有勇气说标准日语了。

我对各种教学进行过一些研究，也出版过教学方面的系列丛书。上课的时候，我们会要求学生站在讲台上发言。站在讲台上发言，一定得用标准日语。结果孩子们一上讲台，就好像戴上了能乐的面具。他们从讲台下来，面对着小朋友，跑回自己座位时，表情一下子变得生动起来。为什么一定要用标准日语呢？这种情景很常见，就是一上讲台，自己就不存在了。然后会言者词不达意，听者不知所云。我们应该研究一下，如何才能避免这种情况。在交流读书感想时，有时候我们可以说今天用方言讨论，这不也挺有意思吗？读书就会有发自内心的感动，我们得把感动传达给别人。我很希望大家一起来想一想，如何才能做到这一点。

曾经有一位老师所下的功夫让我十分感动。这是滋贺县一位小学老师。他想要学生调查一下，我们生活用水中的废水是怎样流到琵琶湖里去的。这个活动由一年级到六年级的学生分地区负责调查。老师将课题定为"沟渠探险"而不是"废水调查"。这和"废水调查"的感觉就完全不同了。学生们对"沟渠探险"兴致勃勃，大家在讨论中说到，沟渠到地下后就看不见了吧，水是从哪儿出去的呢等问题。很快，老爷爷老奶奶们也来看小学生的调查工作了。老人们说"这里本来是一条小河""这里是洗衣服的地方""这条小河本来特别干净"。学生们把老人们的话全部写下来，他们开始得到了老人们的协助。就这样邻居们参加到"沟渠探险"中来了。随着调查的深入，学生们开始意识到了"现在为什么水会变脏"的问题。琵琶湖有一个研究所，有人建议学生们有问题可以去那儿咨询。结果老师们和琵琶湖研究所的工作人员建立了合作关系。研究所的工作人员给学生们提了各种建议。这样一来，这个调查活动变成了学者和小学生的共同研究。

小学一年级和六年级学生的思考方式不同，因此想到的问题也各具特色。在这个过程中还出现了一个口号，叫作"探险，发现，安心"。这个说法非常有意思，想得也很巧妙。

我所说的努力指的是想办法使孩子由衷感动，产生"啊！原来如此"这样的感觉，之后他们便会去找书来看。大人不能强迫孩子、对孩子指手画脚。强迫和限制起不到任何作用。我们大家应该通过多方面的努力，真正让孩子从身体上和精神上都动起来。这样才能真正帮助孩子。

还有一个很重要的问题是，我们究竟是否真正在关注孩子。其实在很多情况下，我们并没有做到这一点。有的老师明明没在关注孩子,却给孩子贴上标签,"这个孩子才是好孩子,那个孩子实在糟糕得没辙了""那个孩子专干一些违规的事情"等等。实际上,故意违规的孩子是极少数。如果老师们能从这种思维方式中走出来,观察眼前每一个孩子的不同,他们一定能变成"探险,发现,安心"的人。

有所初中对女孩子头发的长短有具体规定。后来这个规定被取消了。过了一段时间,当一个老师被问到跟以前相比有什么变化时,这位老师回答说"现在我开始能看到孩子们脸上的表情了"。说是从前只看孩子们的头发,并没有太注意这个孩子的表情,是开开心心的呢,还是生着气的。老师们没有一个一个地去仔细地观察孩子。作为一名教师,出现这种情况实在不应该。有时教师们的确在为学生努力工作,可他们的思想却僵化了。孩子们都有自己的个性,一个个个性鲜明地生活着。可老师却毫无根据地区别看待学生,孩子被削足适履。比如老师会觉得,这个孩子是爱看书的孩子,那个是看了书也成不了器的。相反,如果老师能仔细地观察每一个孩子,他们的眼里会出现一个个活生生的孩子。如果老师能重视这一点,每个孩子就可能从自己的爱好出发,看他们想看的书,在书中找到他们的新天地。

(第十九次北信越地区学校图书馆研究大会暨第二十四次富山县学校图书馆研究大会纪念演讲)

孩子与恶

好孩子的离家出走

今天很荣幸能受邀参加这个意义重大的会议。有警察做后盾来讨论有关恶的问题也很荣幸(笑)。

最近我写了一本书,题为"孩子与恶"。现在这个社会已经困难到不得不直接讨论这个问题的程度了。换句话说,我们这个时代,对养育孩子来说是一个很难的时代。世界变得很方便,说进步真的是进步了,可很多人却完全没有意识到,这个方便的社会对教育孩子来说增加了多少难度。

现在所有的事情都变得很方便,所以人们以为孩子的成长也一定会很顺利,可事情并没这么简单。本来以为只要按父母教育自己的方法来教育孩子就没问题,可现在行不通了。这些都比从前难了许多。现在教育孩子,跟以前相比得花好几倍的功夫。从前大家觉得坏事就是坏事,只要说一句"不能干坏事"就完了。现在我们必须重新考虑对策。我们所面临的就是这么一个艰难的时代。以前无论老师还是家长,只要跟孩子说"不能做坏事"就管用。现在这样做不行了,所以我们跟孩子也越来越难相处了。

今天我们就来从各个方面谈谈"孩子与恶"这个问题。大家知道我写了许多书,今天讲的可能跟我的有些书上写的差不多,这一点还请包涵。即使有人说,你可以讲一些不同的内容嘛,可人的智慧并不是层出不穷的,我还是讲一些类似的内容。好在大家或许也并没有怎么看过我写的东西(笑),那我就再说一说。

从哪儿开始呢?先说个简单的例子吧。这个例子很有意思,我说过许多次了。这是一个很久以前的故事。有个当事人来诊所,在交换名片时显得有些犹豫。看了他的名片后我发现他是一位家长教师联合会会长。他们是夫妇一起来的,他自我介绍说:"我参与这方面的工作,而且在村子里一直被视作一个对教育非常热心的人。现在自己的孩子却出了大问题,来向您寻求帮助。"原来,他家里有个高中生离家出走了。开始他们以为孩子去学校了,结果发现孩子就这么离家出走了。家里人非常紧张地到处打听,结果一个亲戚告知孩子在他们家。这对夫妇立即驱车赶到亲戚家所在城市,接孩子回家。

以前这孩子是模范生,全村闻名。他学习一般,可大扫除时,要是别的孩子偷懒回家,他便留下来一个人打扫。穿着也总是整整齐齐的。可这个模范生却离家出走了。父母到了亲戚家,这个原本是模范生孩子的表情却一反常态,虎着脸待在房间里。当父母要进屋时,孩子说:"别进来,否则我从二楼跳下去。"然后他说和爸爸妈妈没什么可说的。"肚子饿了,让姨把饭拿来就可以了。"饭倒是吃了,可仍跟父母一句话都不说。这让父母很吃惊,离开亲戚家就直奔过来找到了我。

孩子的父亲看上去确实是一个可靠、出色的人，他说："我现在担任家长教师联合会的会长，村子里的人都认为我热心教育。因为孩子是模范生，所以我一直还挺高兴。可现在出了这种状况，这说明我们家的教育一定失败了。因此，无论先生您问什么，我们都会毫无保留地回答的。请告诉我们，我们家的教育究竟是哪儿出问题了。您说了我们就立刻改正。"我听了这些，便猜到了大致情况。

只是，我们这个工作难就难在，我明白了还不行。父母不明白的话也无济于事。在座的各位中许多人从事类似工作，大家一定清楚，仅仅我们心里明白也解决不了问题的道理。如果一个少年跟我们说"好，知道了，我会努力的"，这就行，而其实我们跟他们说什么都没用。比如，我们说"不要吸毒"，虽然他们说"嗯"，可接下来还会继续吸。非得本人决定"不再吸了"才行。我经常说，我们这一行的工作，只说大道理是于事无补的。难道不是这样吗？

"不能吸毒""要好好学习"，这些都是大实话。你这么说，对方不听你不是也没办法吗？可我们之中确实有人觉得，自己就是不愿意这么想。他们以为只要说了大道理就行。这样的人很幸福。他们会为自己的正确而沾沾自喜，可他们对社会并没什么帮助（笑）。他们只对自己有帮助，因为自己感到很幸福。如果大家想帮助别人的话，就不能只停留在说大道理上。我们的工作并不是讲道理,我们的工作是帮前来寻求帮助的人答疑解惑。

　　日语里有一个很好的词,叫"心服口服"。"嗯"就是"好"吧?是否能得到一个由衷的"嗯",见面方式和说话方式则非常重要。我听了这位父亲的话后,大致有了感觉。可究竟怎么跟他谈呢?突然想到了一个好办法。我说:"听下来孩子真是个好孩子,爸爸好,妈妈好,所有的都很好。"然后他说:"对啊,真的就是这样。那为什么会发生这么奇怪的事呢?"这正应了不能"心服口服"的说法。

　　接着我说:"对啊,爸爸好,妈妈好,孩子也好,这就要出差错了。""啊?"他不可思议地叫了一声。"三个好人待在一起,如果不发生点什么,世界就要没变化了。"好人待在一起永远没有变化,正因为有坏的方面存在才会有变化。于是我说:"好人要追求一点变化的话,大概坏情况就要发生了。"他虽然并不十分明白,可说了一声"哦"。

　　我问:"刚才你说的所有的方面都好,在一个好的家庭里,孩子也没什么问题。那你有没有想过孩子在异性方面和性方面的情况呢?"我为什么要问这个呢,其实这很重要,希望在座各位今后也能多考虑这个问题。因为一个人慢慢开始自立与这个人同异性开始产生某种关系往往是同时发生的。本来结婚就是要离开家,就是要离开父母,去寻找恋人。也就是说,自立方面的情况与性方面的情况常会出乎意料地同时发生。

自立冲动与性冲动的合拍

今天我们没有多少时间聊这个话题，不过还是想简短地提一下。六岁的孩子也会以六岁孩子的方式从父母身边自立。孩子开始自立，能上小学了。这个时候孩子也会在外边学到一些下流话，有时突然会蹦出来几句。寻求自立的冲动和性的冲动总是以某种方式结伴而行。

今天顺便也应该说说这件事。初中生年龄段的男孩中会出现偷女性内衣的孩子。尽管有些大人会一口咬定"这是性的问题""绝对是在性的方面不正常"，其实这是大人的偏见。实际上这样的孩子一般都有一些自立方面的问题。大家也一定知道，初中生这个年龄段的孩子，如果出现了偷异性内衣问题的话，一般都很快能迷途知返。多数孩子确实很快会转变。可如果大人太声嘶力竭，反而会失败。大人们碰到性的问题一般都比较容易激动，孩子的有些问题其实可以不加过问，待其自然消失。可如果被大人吼道"你在性的方面是怎么搞的"等，孩子就会很受伤害。大人的好意有时会成为伤害孩子的利器之一。在这种情况下，只要孩子没有被伤得太重，一般是可以恢复的。

类似偷女性内衣这些事情的发生，是孩子对性开始有所认识的表现。这个年纪的孩子虽然意识到了性，可还没有勇气向异性作任何表示。那种无法自立的懊恼，导致了类似偷内衣行为的发生。我们在做咨询工作时，这些因为偷了异性内衣来咨询的初中生或高中生，大多对性闭口不谈，而他们的父母亲来谈话时，一定会提起这个话题。

　　有一次给一个偷了女性内衣的孩子做咨询，这孩子说"老师，如果有能理解自己的父母就太好了"。这话说得非常好。最近，很多父亲根本不理解孩子，却做出一副非常理解的样子。或许可以称之为"理解范"。当父亲的其实根本不理解，却说"嗯嗯，我太懂得你的心情了，咱们一起去看电影吧"。父亲这么说，孩子就失去了反抗父亲的机会。当父亲的，如果像我们这样跟孩子讲讲多余的傻话，孩子会大叫"爸爸你搞错了吧，别管闲事"，还会说"真烦死人了！"孩子是在与父亲碰撞、摩擦出火花的过程中渐渐自立起来的。可当孩子冲着父亲准备干架时，父亲小声说"嗯，我懂，我懂"之类的，这种情况多数是不懂装懂。孩子听到这种小得像猫叫似的声音，差不多都会头疼。不偷内衣的话，简直没其他办法引起大人的注意。

　　那个说"如果有能理解自己的父母就太好了"的孩子，话能说到这个分上，差不多已经渡过难关了。我跟这个孩子并没聊与性相关的话题，也没有说跟内衣有关的事。其实大家都能这么渡过难关。我们这个职业的人对这些事非常了解。因为了解，所以听了刚才那样的事情便会想到，各个方面都好的孩子，到了要自立的时候可能会发生与性有关的问题。结果真的被我猜中了。

　　怎么说猜中了呢？这位父亲说，孩子离家出走失踪后，他担心孩子有可能自杀。谁都会这么想的。想到说不定有遗书,他便在孩子学习的房间打开抽屉翻找。他发现地毯有一个地方突起一块,觉得纳闷翻开一看,结果竟翻出许多奇怪的黄色杂志。这种杂志现在很泛滥,可这个故事发生在二十年以前,当时这种不正经的黄色杂志并不多见。儿子房间里居然发现这样的杂志,父母都惊呆了。

这位父亲一边挠着头一边说:"我是家长教师联合会会长,你知道我是不会爱看那种杂志的。"这个杂志确实是自己买来的,虽然不爱看,可喝醉酒后偶尔会买。买回来放在那儿,想想最多有时候夫人翻翻,不会有什么事儿。没想到儿子拿到二楼,还藏得那么好。

我听他这么说觉得非常高兴。我说:"是吗?我也不想说家长教师联合会会长这么做不像话。而且,我也不想推荐你去读高尚一点的书。虽然不想赞扬你,可正因为你是人,醉的时候想看这种杂志也不奇怪。只要是人,就有可能做出类似的事情。"但问题是,爸爸醉了的时候偶尔会看看那种书,而儿子可是人人称赞的模范生。这孩子连穿着都极端整齐,附近的妇女也拿他说事,会跟自己家孩子说"得向人家学习"。我说:"你觉得这个从头到尾没半点错的孩子,他能生活得开心吗?"说到这儿,这位父亲心服口服了。

他说"啊,明白了",似乎想起了很多过去的事情,说:"我小时候其实做过很多坏事。"比如,趁着父亲没注意偷柿子吃。还干过在铁路桥的轨道边上,探出脑袋,害得火车不得不停车的事。自己做过这样的坏事，自己的孩子却一点都没做过。其实这就是我所说的，为什么现在这个时代教育难的问题之一。

我从来不认为以前的父亲比现在的父亲伟大。比较幸运的是，以前的父亲既没钱也没时间。我也并不是说我的父亲有多伟大，父亲也教育我们"要坚强""好好学习""不许干坏事"。因为我们有六个兄弟，他抓住一个说教时，其他五个常常跑开了，所以我们和父母之间的距离可以说差不多正合适。这个"正合适"的程度其实很难掌握。我并不是主张不管孩子，以前父母和老师虽然也都说"别做坏事，好好努力，不许撒谎"这些话，可孩子们还是能伺机调皮一下，做一点坏事的。

现在家里孩子都很少，前边说过父母们既有钱又有时间，这样，大人就会过分注意孩子。刚才讲的例子虽然发生在很多年以前，特别对这样的家庭来说，仍然会发生类似事情。从结果来看，由于父母亲对孩子看管得过紧，孩子自己没有一点自由空间。"原来如此"，这对父母明白了这个道理。然后父亲开始反省道："我通过表扬、鼓励、说好话的方法，把孩子推上我们给他设定的好孩子路线。当他走上了模范生道路后，我常对他百般表扬，说你走上了模范生的道路，真棒！就这么赶着他一直往前走。这确实不是孩子自然成长的道路。"这位父亲能这么说，我这边的工作就更顺风顺水了。

　　我问这位父亲："刚才您一直在使劲叹气,说孩子离家出走了,孩子离家出走了。您知道离家出走的意思吗?"他说不知道。我说:"离家出走就是离开家出去了的意思。"(笑)他说"啊,啊"。实际上孩子是非得离家出走的,大家说对不对?也有一些人懒得离家出走,一直待在家里。离开家才有可能走到结婚这一步。人总需要离开家,走到家以外某个地方去。当然即使要继承家业,也得有出走的能力,才能继承家业。

　　这个孩子没有离家出走的经验。我之所以这么说,是因为他是沿着父母为他设定的"好孩子路线",顺顺当当地走过来的。所以我说"这样的孩子当然是要离家出走的"。说这个话时我想:"可怜的孩子,连如何离家出走都没练习过。"我们小时候,什么都练习过。我小时候家里兄弟多,有什么小冲突后,仍是孩子的我会想"哼,这个家不待了",一赌气就跑了。时间长了,肚子饿得撑不住了,回到家就会想"还是家里好"。也就是说,离家出走不经过练习也不是那么容易成功的。因此离家出走也要从小一点一点练习起来,真正的离开家是二十几三十岁左右的时候。

　　以前的人经过各种练习,当然真能迈得出离家出走这一步。可今天的孩子是按照大人引领的路线走过来的,他们没有这些经历。现在的孩子不会有"妈的,这个家待不下去了""一辈子也不理爸爸了"这样的事。我们小时候有太多类似的经历了,结果才能明白自己力量不够,成功不了,还差得远呢。所以要努力锻炼，要使自己成熟起来。

"恶"所包含的积极因素

后来我了解到那个孩子离家出走的原因后，十分感叹。他父亲问他："你为什么离家出走？"孩子回答："因为我是独生子，一向被你们惯得太厉害了。我想试试自己的力量才离家出走的。我想去信州乡下当个农民，等混出点名堂了就接你们一起住。"不知道为什么是信州，只知道他有这个想法。对他来说，这个事当然是不可能成功的。结果去亲戚家被扣住了。问题是没练习过所以也没办法。绝对不可能的事情，却一本正经地去追求实现，这说明练习还远不到位。离家出走，从某种意义上说确实不好，可也是得从小慢慢积累经验才能成功的事。而那个孩子由于之前并没任何经验，所以后来一下子发生了那样的事。

顺便说一下，这个故事的续集非常有意思。我跟孩子的父母说了那些话之后，这两位通情达理的家长便说："老师，我们明白了，说来说去问题出在我们身上，是我们推着孩子走我们自己制定的好孩子路线，这种教育方式有问题。这样不行，一定要尊重孩子的独立人格。以后无论他说什么我们都没二话，要给他自由。"我当时心想，这样似乎也有点过分了，不过因为他们说得太激昂了，我也就说道："这样的话就试试吧。"

结果这对夫妻从我这儿直接驱车赶回了亲戚家。此时孩子还在房间里说"不许进来"，父母赶忙说："等等，让我们说几句话。今天我们去向一位老师请教，跟他谈话后我们觉得我们自己有应该反省的地方。之前总是让你要听我们的，以后你可以按照自己的想法去做。"结果儿子说："那我就同意回家。"

这以后的事很有意思。因为说可以自由了，结果模范生一下子变得懒散了。他随心所欲，想干什么就干什么，回家后就成天躺着。现在看电视，换电视频道可以用遥控器，可当时并没有这种东西，所以这孩子就躺在那儿用脚去换频道。做父亲的看这个样子，气得汗毛都竖起来了。但想着如果发脾气就等于不尊重儿子的自主性，所以只好憋着不说一句话。这样一来，儿子变得越来越不肯学习，成天歪在家里什么都不做，父亲看着他，真是气不打一处来。

再这么忍下去孩子要变得无可救药了。父母亲实在不知道该如何是好，便找到我希望得到紧急咨询。他说了上边那些情况后问："我们说要尊重孩子的自主性，那么到底是否应该批评他呢？可因为我跟老师保证过，所以一个月没教训他了。"我说："一个月没发火可真不容易，真憋得住啊。可我猜想，你是不是跟夫人发火了？"他说："正是这样，我最近常跟老婆发火。"心里生气不敢直接跟孩子发火，转过来全发在夫人身上了。说"竹帘挂歪了"之类的话，拼命找碴发火。我说："其实这同你跟孩子发火是一样的啊。"

一个人是不可能不发火的。生气了就把火发出来才好。他说："我本来是想发火，想到之前做了这么多努力，这一发火,孩子的自主性又会遭到打击,所以还是蛮心疼的。"听他这么说我很感动。我说:"你说得真好。只要大人感到心疼,那么怎么批评孩子都不会出问题。"

有一点很重要。在教导孩子要成为好人时,有人并没有把自己放进去。自己虽然不务正业,却对孩子说"好好听话,当好孩子"。这种话谁都会说。另一些人可能会想,现在发火说不定会影响孩子的自主性,再说自己小时候也做过类似的坏事,这么一想就会心疼得舍不得发火。可又觉得不发火不行。所以,到底对孩子发火好还是不发火好,可不是一件简单的事情。有时候发火好,有时候不发火好。于是我这样说:"如果当父亲的生气到了揪心的程度,那么怎么发火都是可以的。"他说了一声"知道了"就回去了。后来他没再来过,估计是问题解决了。听说那个孩子上了很好的大学,也结婚生子了。后来应该是比较顺利的。

这是一个很简单的例子,可我们从中能学到许多东西。如果只做好、坏这样的简单分类,离家出走的孩子就属于坏孩子。然而,在简单分类中,"坏"的内容里具有某些积极因素。这是这个问题上的难点。这里所谓的积极因素,当然指的是这个孩子的自立。虽说如此,但由此认为该鼓励孩子离家出走,那绝对是犯傻。这个分寸非常难掌握。

我们不再"缺衣少食"

还有一个很重要的问题是,让孩子走家长设定的所谓好孩子道路,绝对不是一件好事。我认为从这个意义上说,大人的这种善意真的很可怕。那些自以为是的大人最让人头疼的,就是从来不反省自己。他们以为自己是在做好事,所以不反省。这真是一个很大的缺点。像"我"这样做坏事的人一直在反省,而那些所谓在做好事的人,却总是沾沾自喜,称自己是在做好事,可实际上,对那些以他们的方式培养出来的好孩子来说,这简直是一种灾难。刚才提到的那个离家出走的孩子,情况并非完全如此,这些孩子将来要做一些脱离现实的事情,虽然不一定是离家出走,因为之前他们在现实中的锻炼太少了。

难就难在有些事乍一看似乎对孩子不好,可实际上却有意义。我并不是说孩子应该做点坏事,父母亲和大家谁都绝对不会说,为了孩子的成长,他们可以做一些坏事,这样的事情绝对不能说。我们会跟孩子说"不许做坏事"或者"不许撒谎"等等。在以前的生活中自然是有一些艰难困苦,有一些能磨炼人的事情的。可我们现在的生活离艰苦太远了。比如,以前在一切都很自然的环境下,会生很多孩子,现在生孩子也受限制。现在无论食品还是玩具也基本上不再具有自然韵味了。在这种环境下,教育孩子变得很难。

拿我小时候跟现在比,现在在吃和其他一些方面的条件要好得多。食品条件比以前大大提高,虽说从这一点看进步了,可教育孩子方面却难了许多。为什么这么说? 在我小时候,只是过生日就可以期待两个多月。下次生日时吃什么呢?听到可能去店家订寿司就兴高采烈。我这个年龄的人都有体会,当时只要是饭馆的饭菜,那就是豪宴了,滑蛋鸡肉饭就是大餐。那时候的人甚至会想,自己要变成连午饭都吃得起滑蛋鸡肉饭或咖喱饭的有钱人就好了。现在是人人都能吃得起,生活确实比以前好多了,可亲子关系却难多了。

我常常会提到下边这个例子。自己是农村长大的孩子。那时候父亲出去参加集会什么的会有盒饭。父亲从来不把盒饭吃完,总是剩下一些带回来。因为规定是必须吃的,所以他稍微吃一点,吃到一定程度就把饭盒盖上。他常带着点醉意走进家门,而我们所有的孩子都在家等着,大家一起说"爸爸,您回来了"。其实倒不是因为特别有礼貌,我们是冲着盒饭说的(笑)。看上去还是蛮感人的。当然父亲也很帅,他说声"嘿",然后把饭盒递给我们。我们打开饭盒后大叫,"哇,有东西,有东西",然后把里边的羊羹分成六份,兄弟六人一人一份。我们觉得爸爸真伟大,很尊敬他。

因此,那时候没有必要说"必须学会尊敬爸爸"这类话。因为即使是买一个盒饭也需要很多钱。过去的父亲们都喜欢说"我挣钱是为了养谁呀?"之类的话,当时能吃得上东西不是一件容易事,所以这一句话的分量就够让人好好思量一番了。有些事情虽然现在想来好像很简单,比如以前父母亲并没有一句一句地嘱咐过我们要"好好听父亲的话""懂一点礼貌""兄弟之间得互相谦让",或向我们进行这种道德、宗教方面的教育。可因为当时生活贫困,有一点东西大家要分享、大家要一起努力的想法,很自然地被大家铭记在心里。

那时候的祭祀节日活动也特别令人兴奋。祭祀节日的时候能吃到好东西也很吸引人。我记得特别高兴的是,在祭祀地域氏神那天一定会做青花鱼寿司吃。过祭祀节日的时候,全家欢聚在一起。当时一条青花鱼的寿司就能让大家兴高采烈地聚在一起了,而现在祭祀节日时想让孩子们聚在一起并不容易,大人得好好计划要给孩子们做点什么吃的才能打动他们。

我知道一个故事,也是一件真实的事情。有位母亲在考虑祭祀节日里给孩子做什么时想到,平时总是给孩子们吃快餐咖喱饭,这次自己亲手做给他们吃。她精心做了咖喱卤,可孩子们吃了后却说"今天的咖喱饭没味道,平常的那种更好吃"。他们习惯了平时吃的快餐咖喱饭的味道,妈妈难得亲自动手,他们却感受不到手工的自然美味。

简而言之,以前我们虽然过着普通的生活,却能在祭祀节日里享受美好时光,我们那时也深深懂得父亲存在的意义。而这些存在却是以物质贫乏为基础的。然而,今天的世界,物质上变得极其丰裕了,新的课题也来了。我们不知道在这样的物质条件下如何教育孩子,又如何处理新时代下的各种亲子关系。同时我们现在的生活中也仍多少存在一些传统习惯。

我们小时候有一个非常重要的词叫"可惜",我发现只要一用可惜这个词,会意一笑的一定是上了年纪的人(笑),我们是听着这个词长大的。这个词的意思并不是在物质上节约。所以用英语很难解释。如果用英语直译就是"防止浪费",这个意思和原来的意思不同了。

"可惜"一词是从哪儿来的呢? 在座的也许有人知道,这个想法是从佛教来的。佛教,特别是日本佛教认为,不仅人,动物、桌子、花朵都有佛性。归根到底,所有的东西都一样,始终一样,同归一处。信佛的人也许经常听到"一尘三千佛"的说教,佛教里类似说法很多。因为佛教认为"众生平等","无情有性"。按照这个思路,我们说珍惜一粒米,并不在于一粒米很重要,而是通过珍惜一粒米表示珍惜整个世界;通过珍惜一粒米珍惜一个家庭。这里万物都相互连接在一起。

以前人们并没有完全意识到,在日本,宗教完全渗透在日常生活里。我们不会特别把宗教拿出来加以解释。可在日常生活里,父母说"要珍惜每一粒米"时,其中是带有宗教性的。这就是日本的特征。对这一点不甚了解的外国人经常说"日本人没有宗教心"。我们说"不对,日本人也有宗教心",他们会问"如果你信佛教,你去寺庙吗? 星期几有说教活动?"好像没有什么寺庙星期日有说教的吧? 我们说很少去,他们问什么时候去,我们说"死了就去"。他们会说这不是宗教。我们不像基督教那样,有教堂也有规定星期几去听说教的形式,可我们的日常生活中充满了宗教,也充满了伦理道德。因此,"要珍惜每一粒米"里既有道德教育,又有宗教教育。我们是在不知不觉中受到了道德与宗教教育。

然而,现在"缺衣少食"这个基础不存在了。随着物质的日益丰富,我们面临的难题也更多了。现在全体日本人要一起来重新思考以下问题,在这个生活丰裕的年代,我们应该如何教育自家的孩子,如何度过人生。可现在没多少人谈这些话题。有时想到这些问题,突然跟孩子说"别太浪费了"之类的话,孩子却嗤之以鼻。要节约用纸,跟孩子说纸的反面也要用,可是家里到处都是纸。考虑到现在的经济情况,确实必须加强消费,不消费便无经济可言。然而,在高消费的生活中,人们何去何从是一个大问题。如果能想到这些,我们便能意识到,今天虽然在经济上比以前好多了,可经济发展所带给我们的绝不仅是有利因素。正因为如此,我们面前才产生了许多难题。

田边圣子如是说

好坏的区别往往很微妙。你觉得是好事,做着做着却变成了坏事,而坏事有时也可能包含着好的一面,所以很微妙。弄明白这个道理,就知道孩子所做的某些坏事,很有可能是好的开端。这一点确实很难把握。

　　和大家一样,我所见的孩子不是因为他们好,而是因为出现了各种各样的问题,然后才来找我的。盗窃、痉挛、口吃、拒绝去学校上课等,也就是一般人所说的,碰到了困难才会来。说起我为什么要见这些孩子,我的工作并不是制止他们的坏行为,而是要从他们的坏行为中找到"好苗芽",要想出一个如何使这些好苗芽长大的办法。比如我们刚才谈到的那个例子,偷了异性内衣的孩子来了以后,我们并未涉及性的话题,而是谈孩子如何看待自己的父亲,谈自己在有这样的父亲的前提下,如何考虑自立问题。这样谈就能带来一些积极作用。

　　我想跟大家分享一些非常有意思的经历。最近人们常说要培养有创造力的孩子,于是我们找了一些正在从事创造性工作的人,了解他们是如何度过童年的。我们采访了几位从事各种工作的人,其中有诗人谷川俊太郎、大家熟知的小说家田边圣子,有既是插图画家也常写东西的司修,还有小说家大庭美奈子。在我眼里他们都是一些非常有创造能力的人。他们也是大家公认的既独特又有趣的人。我们采访的题目就是"你的童年"。

　　之后,我写了采访结果。所采访的这些人,小时候都不是好孩子,每个人都做过一些坏事。我们并没有专门挑坏孩子采访,可确实是他们每个人小时候都有些问题。其中大家可能都了解的是,谷川俊太郎小时候不上学。用现在的话说就是"拒绝上学"的孩子。我常跟谷川俊太郎打趣说

"你是拒绝上学的先驱"。

　　很感激那次跟田边圣子的见面，我觉得很值得把见面内容跟大家说一说。田边圣子写小说，大家应该都知道她。田边说"我小时候净做坏事"，在上高等女子中学，也就是现在的初中一年级的时候，自己曾忍不住想偷东西。那种感觉现在还记得。到了店里，脑子里总是想，把这个偷了吧，趁店里人没看见，把那个揣到包里吧。她说："就是有钱的时候才想偷东西。这个念头不知道出现过多少次，自己也觉得非常难受，难受得都不想去商店了。"因为去了商店就想偷东西。

　　另外，也许写小说的人才有这个本领，多数人都早把青春时代发生的事忘记了，能记着这些事真不容易。我想，在座的多数人都会忘记自己青春期所发生的事情。对我本人来说，我觉得自己的初中时代没什么特别，可问当时的朋友，他们告诉我"你那时候净干坏事"。听说能忘记那些事是健康的表现，大家一般都把那些事忘了。田边女士写小说，这些事她能记得很清楚。她所说的忍不住想偷东西那些情节很生动，比如看看周围，想把店里的东西放进自己的包里，结果并没有这么做。

　　田边女士说，不可思议的是，后来想偷东西的念头就这么消失了。并不是因为遭到了失败，或是看了什么书的关系，仅仅是后来发现对偷东西完全没了兴趣。她说挺有意思的吧，我也说"这就是所谓的青春期"。我们接着往下聊，她又告诉我下边这些事。"上女中的时候,有一阵突然开始特别喜欢写故事,随便写了一点公主的故事,然后给朋友们看,朋友们都说'啊呀,圣子,真好看',我就说'再给你们接着写',然后就往下写,大家又看得很开心。"田边女士的朋友当时都等着她写的故事。她说:"我就写了再写,继续往下写。那些稿子要是能留到现在就好了。那些就好像是我写小说前的练习。"

听了她的话我想到一些问题,然后问:"田边女士,你开始喜欢写东西以后,是不是偷东西的念头就消失了?"她说"对对,是这样,就是这样",我说"太理解了"。我说理解是因为当一个故事要诞生、要从心里酝酿出来之前,会有想把一切都包揽进来的冲动。大家可能觉得不可思议,在动笔以前确实是想尽量吸取知识写到自己的作品中,可到了什么都想吸收进来的那一时刻,竟然会出现想要偷东西的念头。或者说顺手抓到什么都想收罗进来,写到自己的故事里。这么说是不是比较容易理解? 非常不可思议的是,在做这种非常有创意的工作时,出现盗窃冲动的并不是个别现象。

当我问"是不是这么回事?"时,她表示"这么说的话,自己也确实意识到了这一点"。当然,这绝对不是为了写故事,自己有意识地想要去偷东西。而是不知不觉地想偷东西,又不知不觉地将作品写出来了。其实,这些都是在人的内心深处产生的。当然偷东西绝对是坏事。有一点不能弄错,就是千万不要以为,想让自己家孩子成为作家就得去偷东西。尽管不是这样,可不幸的是,在故事创作的最初酝酿期间,有可能会出现这种情况。

我经常说,大家应该记住,一个人的自我实现,经常是以某种消极形式表现出来的。虽然开始表现出来的东西很消极,但会渐渐化蛹成蝶,梦想成真。可一开始看上去总没那么好。这确实是一个难点。

"绝对不行"与"有意义"

说到这儿,想到刚才我们提到有关性的话题。虽然偷异性内衣绝对是不良行为,可如果换一个思路,比如说"吸收一点女性的东西""让它成为自己的一部分",则会有一点正面感觉。因此,如果能将此事与这个初中生的自立问题联系起来看,结果则会有所不同。虽说如此,正如我们刚才提到的那样,行窃是不良行为,偷异性内衣也当然不对,这些绝对是不正当行为。

这个问题具有"绝对不行"和"有一定意义"的两面性,很难把握。在座各位所从事的确实是非常难的工作。在处理这样的问题时,有些人有时更欣赏"有一定意义"的说法,就忘记了"绝对不行"这一点。他们对做坏事的人态度太温和了。警官群体里有时有一些很亲切的人。他们认为对做了一点坏事的少年不能太厉害,态度要温和。我们觉得对干了坏事的人应该严厉一些,可有些女警官会用非常亲切的口吻说"你做了坏事，今后不可以了哟"。结果这孩子或许会想，为了能再次见到这个亲切的警官姐姐，还得再做一次坏事（笑）。这是一句玩笑话，我想大概不会有这种事。但这类问题确实有些一下子能说得通的，也有些虽然说得通可事情本身却绝对可恶。请大家自己根据实际情况找到一个比较好的对策。

在一个教师集会上，我曾提到刚才那个偷异性内衣的事。我当时提请老师们注意，性和自立常是一个很意外地联系在一起的问题。虽然希望大家注意，但坏事仍然是坏事，不是说坏事做得越多，结果越好。这一点一定要搞清楚。当时在座的一位初中老师，大约在这个集会两三年之后找到我，说有件事情无论如何忘不了，很想跟我聊一聊，之后便说了下边的故事。

初中三年级的班上有一个非常漂亮的女孩子。有人给她写了一封匿名信，打开后看到许多性方面的令人发指的下流话。这孩子非常吃惊，跟自己的母亲哭诉，不能接受别人如此对待自己。母亲觉得实在不像话，便拿着那封信找到学校来了。这位老师说看了信大吃一惊，因为自己认识这个字体，说那是去年初中毕业今年高中一年级某个学生的笔迹。

我说"你能看得出来是谁的笔迹太不容易了"。那位老师说，因为那个学生学习非常好，是一个模范生。一般模范生都比较可怕。

　　因为是模范生，他的笔迹也给人留下了极深印象，所以老师知道那封信是这个孩子写的。然而，虽然笔迹没错，可根据他初中时的表现，那位老师绝对不相信这个学生会做那样的事。可毕竟笔迹确凿，于是决定去见那个孩子。那位老师想如果直接去学生家里，学生父母会吃惊，便将孩子从家里叫出来去外边走一走。走到人不太多的小树林，老师把信拿出来给那个孩子看了一下，说"这是你写的吗?"，那孩子立刻回答说"对，是我写的"。

　　老师问"你为什么做这样的事?"他回答道"我自己也说不清楚"。每天集中精力复习，准备中考，有时候突然感到气闷，忍不住想捣乱。当时自己正处于这种精神状态下，注意到这个漂亮女孩儿比自己低一年，心里惦记着这个女孩才写了那封信。写得太不成体统了。当然如果自己真在意她的话，信不该写成那样。可当时的心境只能写出那样的东西。

　　希望大家能顺便记住一点，那就是青春期是一个充满艰难的阶段。毫无疑问，这是一个人脱胎换骨的时期。因此像田边那样的人会产生偷窃感，还会出现许多荒唐念头。如果这些念头突然变成现实的话，那真要出现令人瞠目结舌的大事件了。就刚才的例子来说，那个高中生如果真喜欢那位漂亮的女孩儿，本来只要直接写"你真漂亮"就行了。之所以写得那么奇怪，是因为他内心已经烦闷到了极点。结果刚发出了匿名信，老师就找到了他。老师能感觉到这个学生似乎得到了解脱。学生也为老师能看到这封信，并能找到自己而松了一口气。

这个学生说："老师，我真的错了。感谢老师来找我，以后我绝对不做这样的事情，也请您绝对别跟我妈妈说。"老师问为什么呢？他回答说："没人比我妈妈更可怕了，别人都认为我妈妈是好妈妈。她在外边的时候确实很好，对人和蔼可亲又有良知。对我呢，要是问到学习情况是否顺利，态度就完全变了。您一定想不到，如果我考试成绩不好，她能三天不理我，严重的时候连饭都不给我做。所以这个要是给妈妈看了不知道会怎么样呢。无论如何请别告诉我妈妈。"

老师听他这么说也挺感动的，觉得他能反省到这个程度也不错了。然而，这位老师猛然想起我说的一些话。我曾说解决问题的时候"一定要把道理说清楚"。这位老师决定要想办法跟学生讲清道理，然后对他说："不行，你已经是高中一年级的学生了，自己做了坏事瞒着母亲解决不了问题。而且你干的这件事的性质又很恶劣。你或许写信时有点心血来潮，可收信的女孩受到了莫大打击。那位女生心灵上受的伤害太大了。这么大的事情不告诉你母亲，在我这儿是通不过的。不管怎么样，我现在就去跟你母亲谈。不过，因为从你这儿了解到了这些情况，所以我去见你母亲一定不会兴师问罪。我理解你的想法及你母亲的心情，相信我，我会慢慢把事情说清楚的。"学生说："那也只能这样了。"

　　接着,这位老师带着孩子去见母亲了。当然,母亲看到信非常吃惊,问:"这真是我家孩子写的吗?"这位老师因为在听我的演讲时受到了影响,所以做了非常成功的回答。他说:"孩子妈妈,虽然发生了这样的事,可我们没有必要担心孩子已经变成了坏孩子。孩子长大成人的过程中会经历各种艰难,他们是在不断地做着错事中长大的。孩子做出了这样的蠢事,换个角度考虑,你作为母亲在对待孩子的方法上是否有应当改进之处?"然后,这位妈妈说:"如此说来,我确实给这个孩子戴了一个好孩子的紧箍,而且勒得太紧了。"老师说:"当好孩子不容易。好孩子本身没问题,但给他戴上好孩子的紧箍的话,多半不会有好结果。"后来,孩子和妈妈当着老师的面谈了很多心里话。孩子说:"妈妈以前曾如此如此说过吧,真的太过分了。"妈妈也说:"你也就是说得好听,看看你都做了些什么过分的事情。"在推诚置腹的交心后,这家人的亲子关系比之前自然多了,母亲和孩子都很感谢老师。这位老师是满怀成功的喜悦来我这儿汇报的。

　　这位老师的故事很令人钦佩。我说:"老师,你做得太好了。"我觉得老师跟家长、学生讲道理,使人心服口服这一点最值得称赞。他所采用的方式方法非常好。不是只对学生大骂一顿,而是在决定跟家长谈时也做到了请学生一起参加,这才通情达理。对不良行为的处理非常难,稍有不当就很可能失败。如只想到"这是坏事,坏事绝对要打击"则又会失败。我希望大家都能想一下,自己在处理孩子的不良行为时,对其微妙之处究竟下过多少功夫。

有一个学校以前对学生的头发有许多规定,诸如不许染发,头发的长度要限制在肩以上几厘米等。这个本来对学生发型有各种严格规定的学校,经过反复考虑最后决定恢复学生的发型自由。学生在发型上得到自由不久,当老师们被问到此事对他们的影响时,老师们的回答非常精彩。他们说:"我们以前见到学生时只注意学生的头发,发型自由了我们才开始注意学生的面部表情。"由于注意不到学生的表情,他们常常会惊叹:"啊,那孩子头发是金黄色的!"那时候他们的注意力都在头发上了,却还以为自己是在为学生而努力工作呢。当时他们所关注的不是学生而只是学生的头发。发型自由后他们才开始注意孩子们的脸,才终于看到了孩子们疲劳或开心的不同表情。平时大家经常说要严格要求孩子,可如果把注意力都集中在头发上,则会舍本逐末。我觉得能真正注意到这一点,并不是一件容易的事情。

我们刚才只详细说了一下田边女士的例子。就不去上学而言,每个不去上学的孩子都有自己的想法。了解每个孩子的具体想法非常重要。当我了解到谷川拒绝上学的原因后,觉得他实在是蛮令人钦佩的。谷川不愧是个诗人。他说自己之所以讨厌上学,是因为上体育课时,在老师的号令下大家的行动太过一致了。这种过于一致的行动使他产生了恐惧感。他当时想，如果人和人不一样，那么一个人这么做的时候，另一个人不这么做应该是很自然的。可在"一，二，三，四"的号令下，大家的行动却完全一致。他说因为实在不能接受自己也在其列这一事实，就辍学了。所以我们应该知道像谷川这样的人也是存在的。这个人结果成了一个非常有个性的诗人。在这种情况下，单纯强迫孩子去上学不是上策。我们需要根据情况去探究某个孩子为什么不去上学，究竟是什么原因导致了这种情况。

有所不为的关爱

此外，我们还经常谈起另一个话题。虽然说孩子绝对不能做坏事，可在以前，孩子却能自然而然地做一点坏事。在那种环境下，孩子反而成长得比较顺利。现在难就难在我们失去了"自然"的环境。家里孩子少，所以孩子一直被家长盯着，而且家长还能找到各种机会为孩子们做点什么。

这里我们也来说一个故事。有一个公司总经理，他是靠苦学取得成功的人士。大家了解苦学的意思吗？有句话叫"苦学力行"。我们那个时代，有人虽然小学毕业了，由于家境贫困，家里不能再提供学费，要靠自己半工半读挣钱上初中或其他学校。自己半工半读到大学毕业叫作苦学。这位总经理就是苦学力行一直当到总经理的。用他自己的话来说："我苦学力行走到了今天，自己给儿子提供了许多读书条件。给孩子请家庭教师,买了很多书。孩子却成天混日子,连学校也不去,太不像话了。自己这么努力,可儿子却这副样子,真不像话。"听他非常气愤地说着这些话,我笑了。我说:"是吗? 可当时您是自己非常想念书对吗?""正是如此。"我又说:"可您儿子自己不想念书吧? 虽然他不想念书,您却给他请了三个家庭教师,这不也是苦学吗?"(笑)他说:"哦,是啊。我家孩子确实在苦学呢。"

什么是苦这个问题,其实并不容易解释。说不定您家孩子本来也特别想学习呢。可家里早早地把书买好,家庭教师也请好了。谁碰到这种情况也会烦吧。反过来,如果你说"别再上学了,没钱供你上学了",孩子会想"哼!"然后激起一股自己就要学下去的牛劲。所以现在多数情况是,当家长的为孩子做了过多的努力,为他们创造好了条件,结果却害了孩子。

因此我经常跟大家说,现在作为父母亲最难的是,为了孩子"能做到的却坚持不做"这一点。以前父母亲想给孩子创造条件却做不到,孩子反而成功了。打个比方,家里的钱足够请五个或者十个家庭教师,可咱们不请。家里也上得起课外辅导培训班,可咱们不上。家里可以买得起很贵的玩具,可咱们不买。一个家长能做到这一点是不是更难?孩子过来说"爸爸,我要买玩具",你怎么办? "大家都买了无线电遥控玩具。班上同学全都买了。""多少钱?"如果孩子说"五千日元",那你可以说"咱们家不买三千日元以上的玩具"。这样,孩子就会找你商量很多次。最后你再大大方方地花五千日元的话,孩子会跟你说"谢谢"。这样结果更好,也可以体会到当时没买的意义。

所以最近我经常说,现在的父母难就难在,与过去的父母不一样,得有一种"为了孩子少做一点事的那种关爱"。不是通过给予来表示关爱,而是通过少做点什么来表示关爱,这确实很难。

给大家讲一个非常典型的例子,我当时听了也很感动。这也是一件跟盗窃有关的事。今天我们说到许多盗窃的话题。一个小学的女生偷了东西,很快就被发现了。一般店家不会立刻跟警察联系,可这个商店立即联系了警察。警察来与孩子谈了话之后,马上明白了情况。原来她完全不是干这种事的孩子。警察知道她是一时冲动,可虽然问题不大也必须通知母亲。母亲接到警察通知,以为孩子出了交通事故。急急忙忙赶过来的母亲发现孩子没事,安心了很多。她再问原因,才知道是孩子偷了东西。

家里锦衣玉食的,孩子怎么可能偷东西。妈妈问孩子:"真是你偷的吗?""就是我偷的。"女儿回答。母亲勃然大怒,说"得给孩子爸爸打电话",电话虽然打了,可却拨错号码,电话打到别人那儿去了。这样,这位妈妈就呆站在电话机前,电话也不打了,一动不动地呆站在那儿。结果,孩子突然抱住妈妈叫道"妈妈!"事后孩子说:"我第一次见到这么可爱的妈妈。"可爱在哪儿呢? 孩子说:"我妈妈是个事事有预案,处处要插手的人。她给我买我不想看的书,有些东西我自己并不想学,可她请的家庭教师却已经来了。她喜欢把我的事情事先一股脑地全都安排好,我觉得她是想把我打造成她心里想象的样子。可一旦出了什么事情,才看到了妈妈本来的样子。我真喜欢这样的妈妈。"

出了什么事的时候,"啊!"大叫一声连电话号码都想不起来了,这才是自己真正的妈妈。"啊!"大叫一声,抱在一起,然后家里的气氛就完全变了。这是有所不为的关爱的典型故事。说起来,为了孩子把书也买好了,为了孩子把书房也准备好了,这些事确实都很好。可在孩子看来,紧张得连电话都打不出去的妈妈,才是自己最可亲可爱的妈妈。所以到底什么好什么不好,确实很难说清楚。咱们自己创造了今天这样的世界。这个社会生活更方便、物质更丰富,这没有什么不好。问题是为了彻底实现社会进步,我们的教育也必须跟进。与过去有所不同的是,今天办教育,没有灵活、通融的思维方式可不行。

(1998 年 3 月 31 日,财团法人社会安全研究财团讲演会)

亲子纽带的矛盾性

我提出了"亲子纽带的矛盾性"这个比较难的问题。蜂屋庆先生刚才把我想说的大致都已经说到了。在此,我打算把已发表在纲要中的难懂的部分略去,讨论一些简单易懂的话题。

我的工作是对有这样那样问题的病人进行治疗,或者说帮助他们解决问题。

昨天三河春树先生谈了当孩子出现问题时,母亲应该如何处理,或者不应该如何处理等一些很具体的问题,听说很受大家欢迎。我今天打算说一些类似的,非常实际的情况。

不过,估计我的发言可能会给今天为我们做同声传译的工作人员带来一些麻烦,我现在要谈的内容与事先定好的内容完全不一样(笑)。翻译人员虽然会麻烦一些,不过他们不愧都是专业人员,告诉我可以放心地随便说,他们能马上翻译出来。这样的话我也就可以安心地说一些没事先约定的内容。稍微欺负一下这些专业人员也蛮有意思的(笑)。接下来我们开始吧。

虽然想说一些具体情况,可职业的特殊性,不允许我们直接把工作中的所见所闻如实说出来。在今天这样的公共场合,并不能直接跟大家说明曾发生过的具体事情。所以,我有时也会说得比较抽象，虽说抽象又有很具体的方面，这便具有我们刚才提到的矛盾性了（笑）。这件事听上去就很难。

刚才我开玩笑的时候，看到从国外来的各位也笑了，说明同声传译人员翻译得很出色（笑）。

我们先介绍一个母亲来访的真实故事。现实生活中类似情况非常多。

有个孩子有学校恐惧症，或者说是拒绝上学，总而言之是个不上学待在家里的孩子。有一天孩子说"要不然还是找医生谈谈吧"，可想到那个医生只见预约过的病人，就开始犹豫"想打电话预约，可又讨厌打电话"。

一般在这种情况下，母亲总是事先帮孩子打电话预约。这次母亲也给医生打了电话，跟医生说"我家孩子想去您那儿咨询一下"，医生说"什么时候来都可以"，算是跟医生预约好了。

之后，母亲告诉孩子"妈妈已经帮你预约好了"。结果孩子突然大怒，说"多管闲事！是我自己想到医生那儿去的，最烦妈妈事先管我的事了"。结果孩子好不容易想去咨询的事就泡汤了。

然后有个心理学者之类的人跟母亲说了一些"你不应该溺爱孩子"那样的话，我绝对没说过啊（笑），这么说的人是有的。不过，孩子的母亲听了这种说法就想，好，那以后不溺爱孩子了。

后来这孩子想,上次医生那儿没去成,这次要不然去亲戚家谈谈。去亲戚家的话需要旅行包,自己没有好的旅行包,所以跟母亲说"去买一个旅行包"。

结果母亲想接受上次的教训,决定不能溺爱。所以说"不需要买旅行包吧,拿包裹布就行了"(笑)。

这个孩子挺逗的,把这件事写在日记上,还存心放在一个妈妈能看到的地方,希望她翻开看看。妈妈悄悄地看了日记,上边写着"我妈妈对孩子一点关爱之情都没有,连一个包都不给买"。

然后这位母亲找到了我。在这种情况下,家长们有一句话是必定要问的,那就是"究竟如何是好,对孩子是管好呢,还是不管好呢? 管,孩子也生气;不管,孩子也生气"。她问"到底怎么办呢?"我是怎么回答的呢?"真难啊。"我说(笑)。

我的学生说"河合老师的口头禅就是'真难啊'这句话",不管谁来了我都说"啊,真难啊",然后说"不知道该怎么办""如何是好呢""下周再来吧"(笑)。

然后,大家可能觉得奇怪的是,这个母亲第二个星期又来了。她又说"怎么办好呢"。我的回答一般都一样,我说"真难啊,咱们一起想吧。下周再来吧",就一直这样继续下去(笑)。

大家会觉得非常奇怪,不可理解。为什么没有答案还是每周都来。如果说其中有什么秘密,我自己的解释是这样的。我在说"不知道这个问题的答案"时,是有绝对自信的。所以当我说"不知道"这几个字时,应该能让人感觉到一种非常的气势(笑)。

"管还是不管"这样的问题,或者像我在纲要里所说的那种"亲子之间的纽带是强一点好还是弱一点好"那样的二选一的问题,其实这些问题本身就有问题。即使回答了,实际上也解决不了问题。母亲管也好,不管也好,孩子都不高兴。我觉得孩子表现出不高兴是好事。在此,我不觉得这种亲子争论是无聊之举,其实在这个过程中所发生的这些是有益的,我对所发生的这类亲子争论是持有敬意和信赖感的。还有,确信那个问题绝对没有答案,就是尽管我没有回答,她仍每周继续来找我的缘由。

我们半开玩笑地想象一下,比如这对母子之间的斗争变得越来越激烈,母亲只要再管他,或者再帮他一点什么的话,他就会勃然大怒,狂殴母亲,甚至把母亲的骨头打断。

这样的话,这位母亲一定会说"我家孩子大概有精神病吧","让他去住院治疗",或者"送到哪个健康设施去吧"。

总之,多半家长会说,"我家孩子有精神病吧",每当听到这样的说法,我常会联想起禅宗寺院的和尚。

其实我本人也没在禅宗寺院修行过,只是听说禅宗和尚的做法有时跟刚才孩子的表现很类似。你到寺院去,比如那里有一副眼镜,和尚问你"这是什么",你回答说"眼镜",他对你大喝一声,你见这样回答不行,便说"这不是眼镜吧",他又对你大喝一声(笑)。

　　按照我们的常识来说,这个要么是眼镜,要么不是眼镜,答案是其中之一。可你怎么回答他都生气,那么这个寺院的禅师应该去精神病院了吧(笑)? 我倒没这么想过,可确实有人这么想。

　　孩子跟他们很相似,你管也是"大喝一声",你不管也是"大喝一声",所以这两种情况有类似之处。

　　寺院的禅师实际上想说什么呢? 我的推测是,他们所追究的问题并不在于"眼镜"这个名字或者"眼镜"这个概念,而是"存在"这一问题。他们是在探究"眼镜是一种怎样的存在"这样的问题。

　　如果这样推测,在考虑如何解决孩子对母亲生气这一问题时,就不应该仅仅考虑"母亲应该怎样对待孩子"这样的问题,而更需要集中思考"什么是母亲""母亲是一种怎样的存在"这些问题。

　　这跟刚才蜂屋先生的发言很有关系。用蜂屋先生的话说,一般,我们过多地从技术上考虑如何当好母亲这一问题。比如大家会考虑,母亲接触孩子时应采取怎样的策略,是放任一些好,还是管得紧一点好呢? 是唱红脸好还是唱白脸好呢? 其实孩子关心的并不是母亲怎么做,而是想要确定母亲和自己在一起,母亲就在自己身边。可母亲的心却完全被技术层面的问题占据,孩子感觉不到母亲的存在。

　　在母亲和孩子的纽带这个问题上有许多误解。比如有人说母亲得经常在孩子身边,母亲不应该出去工作等等。其实大可不必。母亲在并不意味着母亲要时刻跟着孩子。母亲在工作单位也好,在其他什么地方也好,只要孩子内心深处知道母亲在就行了。我认为这才是孩子会像禅师那样"大喝一声"的缘由所在。

　　所以,回答应该与禅宗相同。我想,禅师的问题是没有答案的。如果有一本《禅宗公案的理论和实际》这样的书(笑),人人都会买,然后大家就会很顺利地悟出佛道。可问题在于,这是一个没有标准答案的世界。每个人有各自的回答。我觉得孩子需要的是这样一种答案。

　　说到母亲的存在,正如昨天岩田庆治先生①所言,要不断地进入自己心灵的最底部,才能感觉到这种不可言宣的深奥存在。今天听了米拉·斯坦巴克(Mira Stambak)的话也很有感触。她说如果母亲不在我们还有口袋,东西装在口袋里的感觉能让人想到身怀六甲的母亲。所以,可以说母亲是无处不在的。如果有谁真的能体会出其中的奥秘,应该能写出很有意思的东西。

　　不管怎么说,因为有生物学的基础,母亲和亲生子女之间关系是非常坚固的。

　　有人听了我的演讲,可能会说那太好了,现在就去买个

---

① 岩田庆治为日本文化人类学鼻祖,在日本被称为不可思议的思想家。——译者注

口袋带到工作单位去（笑）。如果真这么想就麻烦了。无论如何，有生物学基础的母子关系是非常牢固的。所以，如小林登先生所言，出生后的一年内，所体验到的那种幼年期母子关系极为重要，但若有例外，母子关系也极有可能得到恢复，这一点也是事实。

正因为深信这一点，所以我们觉得在很多情况下，比如有些人刚出生母亲就去世了，有些母亲则因工作关系不能在孩子身边，而他们的母子关系还是会在人们的努力下得到恢复。然而我想要补充说明的是，要恢复母子关系到底有多难这一问题。

像我们刚才说到的那样，孩子好像已经歇斯底里了，妈妈也半哭不哭，要死要活，嘴上说着孩子有精神病什么的。可再往后看，让人感叹的是，无论孩子还是爸爸妈妈都会渐渐地成长起来。大家需要了解的是，这种成长起初很可能是以一种负面、消极的形式出现的。

母子问题可能是一个家庭里最最本质的问题。为了恢复原初的母子关系，孩子不可能说"妈妈，从今天开始咱们努力讨论怎么恢复母子关系吧"（笑）。而起初所表现出来的多是一些负面行为，如旷课、使用暴力、盗窃等等。然而，我经常会告诉大家，这些负面行为就是一条通向母子关系复原的小路。

可是，这些负面行为真的实在太过惨烈了。真的听到过有些母亲说"我不想活了"，有人想死，有人去死。对此，我的想法是,好好地死去,好好地活过来。我并不阻止死,但要死而复生,脱胎换骨。这么说大家就可以了解,这是一件多么痛苦的工作。

接下来想谈与此相关的另一个问题。

当我听了下边这个例子时曾想,还真有这样的事呢。一个母亲带着孩子来找我咨询,原因是这个孩子虽然智能很正常,可语言能力很差,也不善于跟人交往。

孩子的父母非常热心经商。他们在忙于工作时,把当时还是婴儿的孩子放在纸板箱里,然后把纸板箱子放在房间的角落里。

这样,开始孩子还经常会哭,以后就变得安静了。他们想,这孩子真乖,然后就总这么把孩子放在纸板箱子里。孩子是在纸板箱里长大的,与人交往的能力当然会很差。所以我说"这是不是太过分了",可这位母亲的脸上露出了不可思议的表情,回答"不是吧,我也是这么被养大的""这不是也长得很棒,没出现问题吗?"确实是很棒的母亲,能这么说就已经很棒了(笑)。

怎么回事呢? 这位母亲来自农村。她说父母在田里种地时就把自己放在筐里,然后筐子放在田边拐角。自己不是也长大成人了,而且长得很好吗?

我听了觉得有意思的是,确实两个人都是被放在一旁长大的。可把孩子放在田边的筐里,和把孩子放在公寓的纸板箱里,是很不一样的。怎么不一样呢? 在地里的话,有农田,有青蛙在叫;有萤火虫在飞;还有风在吹着。对那个婴儿来说,周围的大自然便起到了一种母亲的作用。这个环境与公寓客厅里纸板箱的环境完全不一样。

这么想的话,这和岩田先生刚才的发言也有关联。那就是以前我们虽然不太考虑母子关系等问题,人们却常常在大自然中体会到母亲的存在。可随着现代化的进程,这种存在渐渐消失了。问题是今后怎么办呢?

再回到刚才谈到的禅的问题上去。我去禅寺的时候常常很羡慕禅师,寺庙里的那个和尚大喝一声后,对方就觉悟了。如果我对来咨询的母亲大喝一声的话,绝对没用。还是要耐下心来跟母亲们一起聊,一起哭,一起琢磨各种各样的办法。

那么,禅师们只要一声大吼就能成功,我为什么不行呢? 其中有许多因素,我们的环境和条件完全不同。禅寺条件多好啊,寺庙里有松树,有白砂,有石头。禅师"大喝一声",寺院、松树都在后边一起使劲儿(笑)。寺庙、大自然浑然一体,共同发力帮助人们。

我这里的情况则是,出来"大喝一声"的人是孩子,而我做什么呢? 我要变成寺庙,变成松树,变成绿苔。所以我有种好像连头发都变成了绿苔的感觉。这就是我扮演的角色。

刚才我们说到孩子扮演了禅师的角色,可不同的是,孩子只是"大喝一声",而自己并不知道答案。而禅师在知道参禅课题的情况下"大喝一声",他是知道答案的(如果不知道的话则不可想象)。总而言之,这一点是不一样的,而我的任务则是创造一种环境,一种可以帮助孩子改变的环境。

如此想来,我们说要回归自然,要尊重自然,也并不是说要让住在公寓里的母亲把纸箱子扔了,在房间一角种一块地,这么想完全于事无补。怎么办才好呢? 我的想法是,我们不能在心中有一方田园吗? 就像我刚才说的,我可以变成松树,可以变成寺庙那样。

中根千枝先生昨天说"我们已经走到这一步了",我对这个表达方式印象非常深。我们已经走进了这个现代世界,可我们却想找回我们内心深处曾有过的自然。这是多么难的一件事啊。我们只有努力使两个互不相容的存在达到共存,才能找到新的出路。

也就是说,在今天的世界(现代世界),如果你想改变现状,你就不能每天按部就班地坐着新干线,每天按部就班地打发每一天。而是应该试着去找回与自己内心的母亲大自然的接触。

井深大①先生一定对这样的问题很有兴趣。今天,在日新月异的电子发明创造的世界,我们不能只注意技术方面的发展,也需要思考如何再一次返回自然这样的问题。我们要在科学技术与自然这一对互相矛盾的存在中,寻找其

① 井深大:日本电子技术工程师,索尼公司创始人之一。——译者注

共存的可能。

那么，我们应该怎么办呢？昨天星野命先生的发言中提到，今后要注意意象（image）等方面的研究。意象不是一个简单的问题，它指的是从我们内心所浮现出来的形象。今后我们需要对这方面做更多的研究。

昨天，伊谷纯一郎先生关于游牧民的发言非常有意思。我们这些不了解牧民而只知道各种各样的东西——无论你管不管它，当然不会不管——会从地里长出来人，也就是说，我们这些靠土地生存的人内心所浮现出来的意象，与牧民们——那些熟知如何控制牧畜群生育，熟知只要不提供雄性精子就绝对不会有小动物出生的人——的意象不可能一样，生活方式当然也不一样。在今天国际交流如此频繁的时代，我们不会只满足于本来属于自己的文化样式。而由于我们今天的生活中充满了现代化产物，欧洲文化已经渗透到了我们的生活中，那么，我们会在怎样的一种意象基础上生活呢？在母子纽带上，我们应该具备相应的意象或象征性的表现。

从这方面看，我觉得意象有着很强的作用及重要意义。

布雷泽尔顿（T. Berry Brazelton）昨天给大家介绍了一部电影。看电影的时候，我们心理学者比较习惯注意观察观众的表情。很有意思的是，电影中当父亲出现时，婴儿好像感觉到了力量，立即兴奋了起来。当时观看电影的男人们都表现出了一种格外严肃的表情（笑）。这并不是语言而是一种意象触动着人们的身心。所以,我们要通过这种能影响我们内心构造的存在,重新调整、重新构筑我们的"亲子纽带"。

（1982 年 11 月 20 日,《亲子纽带——跨学科研究》创元社所收）

心理护理始于挨骂

心理护理始于挨骂

在日本,地震等自然灾害频发,可 1995 年 1 月 17 日的阪神大震灾之后,人们才真正开始重视"心理护理"的问题。

报纸上说"神户的人们心理上受到了很大创伤,困难重重,大家要想办法帮助他们"。许多志愿者看到报道,一股脑地冲到了避难所。他们问震灾地的人们"有什么担心的吗?""请说说震灾时的体验"等等。他们的口气听起来像是推销员,被问到的人,不管被问到什么问题当然都不高兴。

本来"帮助心灵受创伤的人"的想法没什么不好,但是这里有个很简单的问题,受灾的当地人,怎么可能跟突然来访的生人谈自己内心深处的感受呢? 这些人回来说"好心好意地去帮助,可当地人却朝我们发火,还说你们自己又没经历震灾,你们懂什么! 于是我们就回来了"。挨骂之后回来了还算好,有些人挨骂以后竟朝对方发火。回来还说"好不容易想去帮助的,他们却朝我们发火"。

真不知这些人在说什么呢。说白了,这种被骂回来的人,最初根本不应该去。

当我听到有人说想在心理护理方面"去震灾地帮忙"时,总会跟他们说"如果连关西话都不会说,去做什么心理护理? 还不如出点钱呢"。出点钱为震灾地的人办点实事好多了。即使多少出于点善意,到灾区后用标准日语问东问西的,听了也让人倒胃口。能有这点自知之明也还可以,要是连这点都不懂,还谈什么"心理护理"呢。

还有,大家知道最近有一个词特别流行,叫作 PTSD(创伤后应激障碍)。PTSD 听上去有点像 PTA,很容易搞混。有人记住了这个词后,每当听到别人说"震灾后一有动静我马上就醒"时,就会说,"你这是 PTSD"。

假若我是受灾者,有人说"你是 PTSD",那我就回答"我不是这么时髦的人"。一句话,一个人活着不是件简单的事情,随便把人分档归类为 PTSD,谁受得了。与人谈几句话,说上一句 PTSD,就以为是"心理护理"则大错特错了。没有这样的事。

在座的许多人都是有切身体会的,相信大家能理解我的意思。在巨大冲击后,很难用一两句话来表达自己的心情。

我们经常说"一有晃动就要小心火烛",震灾体验跟晃动完全不是一回事。我从神户的朋友和亲戚那儿,了解到了许多地震方面的情况。听灾区的人们说了实际情况以后,我常会生出许多感叹。比如当他们说起"停电后一片漆黑,一点办法都没有"时,跟他们越是亲近的人,越会问:"你没把手电筒准备好吗?"对方会回答:"说什么呀,谁会去想手电筒的事,手电筒怎么会好好地待在原处呢? 这些东西早不知道到哪儿去了。"这时候我们才明白"啊,原来如此"。

这样,尽管我没有受灾体验,问了一些在他们看来有些愚蠢的问题,但他们会告诉你不对,不是这样的。他们在解释的过程中,能说出很多想法,我们能与他们做这样交流就很有益。听他们解释后我说原来如此,"已经顾不到手电筒不手电筒的了",对方说"对啊"。我继续根据自己的思路问了一些问题,对方也渐渐更有兴趣回答。这样,我们之间的对话便能顺利继续下去。

所以,不能像有些志愿者那样,一听到灾区人发火说"你又没经历过震灾来这儿干什么?"或者"别像推销员似的跟我们说话"等等就离开了。灾区的人能渐渐把火发出来的时候,才是心理护理的起点。

大家可能体会到,灾区人心里都有一股怒气。对他们来说,自己没做错任何事,灾难却从天而降。所以他们似乎总想对谁大叫"畜生""蠢货"。在这种情况下,如果有不速之客来访,他们自然对来客没有好气。对灾区人民的那股怒气,我们应该尽快理解。那些在理解的基础上,能与灾民慢慢地聊起来的人,才称得上是在进行"心理护理"的工作。相反,不能理解和接受灾民的怒气,反而觉得自己受了委屈,则根本无法开始真正的心理护理。

"聆听"的意义

我在听受灾地区的友人叙述那些自己想都没想到过的体验时,一边说着"这样啊,这样啊",一边不由得想到了一些往事。

　　我的"心理护理"训练是在国外接受的,不是用日文而是用英文学的。为了能够从事心理治疗,自己必须得接受别人的心理治疗。我在接受心理治疗时,如果直接说一些在日本人看来很自然的事情,对方完全不能理解。他是心理学家,职业就是要去理解别人。可那个时候的外国人对日本毫无了解,我自己认为我说了一些很普通的事情,可对方却摸不着头脑。他问我"这到底是怎么回事? 怎么会发生如此奇怪的事情呢?"之后我就不得不进行解释。

　　直到今天我还记得,当我在说到日文的"不珍惜"(もったいない①)这个词时,怎么也解释不清楚。我不得不仔细补充许多说明。因为如果不能解释清楚其中的感情,对方就理解不了我的想法。经过从几个方面的解释,对方总算说"啊,明白了,明白了"。他说,"知道了,原来日本人是这么想的"。虽然解释的过程中我时常感到懊恼,却体会到"这样做太有意义了"。

　　为什么说有意义呢? 我觉得通过解释我个人的"体验",我这个"日本人"的存在才向世界敞开了大门——这么说虽然显得有些夸张,不过自己跟别人正是这样连接起来的。

　　与此相同,震灾地的人都有特别的经历。听了他们的

---

① 这个词里同时有可惜,浪费,过分好,感激等几个意思。——译者注

叙述,如果我们回应说"是吗?""原来是这样的"表示理解的话,他们在谈这些经历的过程中,被重创的内心就会开始得到一些治愈。而这些改善是与我们的努力相关的。所以,我们聆听震灾者的叙述确实非常有意义。

今天我看了一些震灾地区的人们所写的体会,有人写到"平平淡淡才是真"的感叹。我想,只有经历过难关的人,才会发出"平平常常、理所当然的,才是非常美好的"这种感叹,这是有感而发的。我们听了以后会觉得"对啊,是这样"。通过交谈,他们的经历和体会可以传播到全日本,翻译后可以传播到全世界。这些不仅对防灾有帮助,而且会直接促使人们从根本上质疑、重新认识人的生活方式及存在方式。

"讲故事"和"痊愈"

有时候受到了什么冲击,或者由于其他什么原因睡不着觉。睡不着虽然不正常,可时而发生不正常的事情是正常的。所以我认为这时立即认为身体发生了异常,然后马上定一个病名是不正确的。

人在经历了重大事情以后会有各种反应。有些人感到强烈的不安,睡不着觉,等等。还有些以前从来没感冒过的人,却得了感冒而且很难恢复。然而,这些在自己身体内部是可以慢慢得到痊愈的。在座各位对此一定有体会。重要的是,今后大家对这一点都要有所了解。

　　我认为,在"痊愈的过程中",当事人不仅仅能开口"说话",还能讲自己的"故事"这一点十分关键。但如果只叙述所发生的事实,比如几点几分发生了什么,五分钟后发生了什么等,刻板的平铺直叙则于事无补。在讲"故事"讲得比较自如以后,如果能自然讲起一些没有体验过的事情,治愈效果会更好。

　　也就是说,这个过程有些像搭建一个建筑物。帮助病人"痊愈"的部分则包含在这个建筑物里。真正以这样的工作为职业的人可以称为艺术家。想必大家对痊愈都有不同程度的体验吧。

地震怪兽来了

　　山上荣子的少儿书《小凤和地震怪兽》(『小さな出会いの家』1995 年出版)是与震灾相关的一个作品。

　　与我们在座各位的职业相同,山上荣子女士是一位临床心理师。听说这位临床心理师跟孩子们一起玩的时候,"地震怪兽"非常频繁地出现在他们的游戏里。在他们的游戏里,地震并不是"晃晃悠悠地出现——",我们以为是晃晃悠悠地来了,其实不然,它是在突然爆发的一声巨响中出现的。就像有人说的"我以为是鲸鱼跳上来了!"那种感受。地震怪兽就应该是这样出现的:啊,来了! 巨兽猛然出现这种感觉。在孩子们的游戏里经常出现这种地震怪兽。山上荣子的作品《小凤与地震怪兽》也许就是在这个过程中写出来的。

摇呀摇,摇呀摇,很久很久以前——

"宝宝睡觉了,宝宝睡觉了,乖宝宝睡觉觉。小凤昨天也在妈妈的摇篮曲中睡着了/天快亮了,这是一个寒冷冬天的黎明。小凤在梦里跟妈妈一起出去散步。"不久突然几声巨响"咣当——咣当,轰隆——",接着传来人们喊着"救命""来人啊"的声音,"小凤的身体不停地碰撞在各种东西上,之后掉进又深又暗的黑洞里。小凤叫着'妈妈,妈妈',从远处传回了自己的叫声,可却听不到妈妈的回答。在深深的洞穴里,只有小凤一个人"。正叫着妈妈的小凤"从梦里醒过来了。虽然想叫妈妈,但前胸后背都被挤压着,痛苦得喊不出声音。眼前电视和衣柜什么的乱七八糟地倒在地上。五个多小时之后,小凤终于被上夜班回来的爸爸抢救了出来。可尽管小凤使劲摇晃着妈妈,妈妈还是不出声。一下子倒塌下来的屋子压在妈妈身上,妈妈再也醒不过来了。巨大的地震破坏了整个街道,整个城市。现在小凤最爱的妈妈也不在了"。

在座各位老师的班上,一定会有孩子在地震中失去双亲,可能有的孩子失去了母亲。也许,这本书里就有他们的经历。

无法用金钱计算的价值观

由于听不到妈妈的摇篮曲,所以"小凤睡不着觉。/呆呆地望着头顶上的天花板时,'小凤,小凤,我的手好疼',好像从什么地方传来了一个微弱的声音。啊,这是一直跟自己在一起的娃娃玛丽的声音。小凤拿起手电筒悄悄地走出避难所"。

原来是小凤非常喜欢的一个娃娃玛丽。小凤把断了一只手的玛丽从家里救出来了。其实,当时有许多孩子回家去取那些对自己来说非常重要的东西。这些东西好像是他们自己的分身似的,分身和自己在一起就会安心。

不明白这个道理的人会说"要是多拿出来一点值钱的东西就好了,这个缺了一只手的娃娃有什么用?"实际上这完全不是金钱的问题。

在这次震灾中,很多人体会到了与金钱完全不同的另一种价值观。有些东西尽管很便宜却会使人心动,有些东西尽管非常昂贵却没那么重要。还有很多人体会到,下功夫花大钱攒的东西,几乎都毫无意义。

在震灾等情况下,许多不能用金钱换算价值的东西,往往会闪烁出光辉。我们必须了解这一点。否则,就有可能忽视或丢弃一些很重要的、能帮助孩子恢复心灵创伤的东西。小凤还好把娃娃玛丽带回来了。

与过世亲人之间的深层联系

后边的情节不一一介绍了。故事中描写到一些小凤的痛苦经历。比如,想睡觉也睡不着,大家要一起出去散步,小凤却不去等。妈妈不在了,小凤现在开始担心是不是也会失去爸爸。刚刚失去妈妈,害怕再失去爸爸,所以不敢出去,双脚像僵住了似的。在现实中确实存在着小凤这样的例子。

然后,小凤好不容易睡着了。可这时候不知什么地方发出了一声巨响"轰隆轰隆,咣当咣当",一看,这不是地震怪兽吗？地震怪兽从魔窟里爬出来,一边追着小凤一边叫着"我要把小凤吃了,也要把玛丽吃了"。

小凤正觉得害怕的时候,听到了妈妈的摇篮曲"宝宝睡觉了,宝宝睡觉了,乖宝宝睡觉觉"。地震怪兽听到摇篮曲以后,越变越小。这是玛丽在唱着摇篮曲,地震怪兽在玛丽反反复复唱着的摇篮曲中变小了。最后,变得很小的地震怪兽终于说"我想要睡觉了,要回家了",然后就回到洞穴里去了。

小凤醒了以后,心里感到非常安宁。这以后的故事,简单地说就是日子一天天地过去了,小凤也渐渐安定下来。这是一个在关键时刻,妈妈的摇篮曲是如何使孩子得到安慰的故事。有兴趣的人可以去把这本书找来看一下。

这里所讲的非常重要的一点是,地震不仅是发生在自己外部的存在,非常可怕的是这个地震怪兽还会从自己内部出现。然而,死去妈妈的摇篮曲却保护了受到地震怪兽惊吓的小凤。也就是说,一个人死去了但对活着的人仍起作用。我们和逝者之间的深层联系有时会给我们很大的帮助。

这一点实在是非常重要。像我们这个职业的人,如果不这么想就无法做好工作。在现实世界,有的人父母双亡,也有的人有朋友在自己眼前去世。当这些人来咨询,如果你告诉他们"死人是回不来的,所以你没救了",那么我们的工作将无法进行。

死去的人绝对可以在活人心里再生,也会产生力量,这个认识非常重要。虽说是"绝对"的,有时需要很长时间他们才会"出现"。

我有一个当事人,在儿时母亲去世后变得非常焦躁不安,常年来咨询。这个人花了多少年才在梦里与母亲相见呢? 十五年。逝去的母亲一直没在梦里出现过,十五年后才总算出现了。为此,我和那位病人都喜出望外,我们说"啊,终于见到了!"这就是我们认定"绝对能见面"不懈努力的结果。

故事里的小凤是比较早就听见母亲的摇篮曲的。在大家实际接触的失去父母的孩子中,一定会有许多孩子并不是马上能听到母亲的声音。一定会有一些孩子脸上的乌云久久不能散去。

一个死去的人不可能与我们完全脱离关系,人世间的事情不会如此简单。大家能明白这一点非常重要。《小凤和地震怪兽》这本少儿书告诉了我们这个道理。这本书的作者山上女士,也许想跟孩子们说的正是这种体验。

如何才算"平稳下来"

大家知道日语中有一个非常有意思的词叫作"平稳下来了",就是"顺利地平稳下来了"的那个"平稳"。

这并不是上边故事里所提到的,孩子听了妈妈的摇篮曲后,病完全康复的情况,而是心情平稳下来的感觉。比如像我们刚才所说的那样,遇到了大灾难,家毁了,亲人也死去了,大家坐在一起聊一聊,一起做点什么。在这个过程中,受灾者的心情也许会得到安慰,慢慢地平稳下来。

我们把话题稍微岔开一下。我有个美国朋友,现在住在日本。他跟我一样从事心理治疗的工作,给日本患者或者说是当事人做各种治疗工作。

我问"你来日本后觉得怎么样?"他回答"有非常好的体验"。当问到具体是什么好的体验时,对方说治疗方法与过去不同了。

美国人或欧洲人身体出现问题时,倾向于先查出原因。治疗者与病人同心合力考虑、探究原因何在。然后双方共同努力,通过与病因的斗争来达到治疗的目的。

比如说,有一种神经症的表现是患者觉得喉咙被卡住而发不出声音,或只能发出一些嘶哑的声音。如果在美国或欧洲,患者首先会被问:"你的喉咙究竟被什么卡住了?你自己好好想一下,是什么压抑了你的表达?"神经症患者想了以后可能会说:"好像父亲的手卡在喉咙上似的。"然后治疗者可能会问："你父亲是什么样的人？""如果想摆脱你父亲的手，你觉得怎么做好呢？"他们的治疗是通过这样一步步地追究来进行的。

可当患者是日本人的情况下，来治病的患者说"喉咙好像被什么卡住了似的"，治疗师可能会跟患者东拉西扯。过一阵患者可能说"托你的福，最近好像喉咙也不卡了似的"。日本人在这种情况下并不追究原因，只要病状消失就好了。

我的那位美国朋友说"日本人喜欢说'托你的福最近情况平稳多了'，这真是日本人的智慧，太棒了"。

他对究竟欧美的方法好还是日本的方法好这一点并不加以评论，而是认为欧美有欧美的方法，日本有日本的方法。

同样是日本人，有人更适合日本的方法，有人更适合欧美的方法，因人而异。实际上，当人们在震灾后碰到各种难题，来我这里咨询时，有时我会问"您还好吗？""情况挺糟糕的吧？"或者"您母亲在震灾中遇难了，是吗？"有时候则会把这种话题放一放，聊一些别的。比如"您最近在做什么？""种了什么花？"这么一边说着说着，有些人就会告诉我"托您的福，我已经感觉好多了"。对后一类人的治疗方法，属于不探究问题原因，而是通过谈心使患者心情变得平稳下来。因此，这次我们也实际体验到了治疗中有两种方法这一点。

为了使前来治疗的患者病状趋向平稳，我们自己首先要保持平稳的心态。作为聆听者，如果我们的心情有所不安，说话的人也会变得不安起来。了解这一点对今后的治疗至关重要。

兼顾个人和全体

最后还想谈一个之前提起过许多次的问题。神户地区在发生巨大灾害后，并没有发生暴动和抢劫，人们对此高度评价。这确实非常了不起。与此同时，人们还经常提起另一个问题，即政府的应对太慢，对事态的判断也很不得力。

我认为这实际上是同一个问题的表、里两个方面。日本人总是考虑到全体，把一切都联系在一起考虑。遇到突发事件时，全体共同行动是没有问题的。而当需要个人的判断，需要某一个人突然做出"这件事得这样处理"的决定时，这却很不高明。

这种情况对日本人来说太自然了。如果一个人干脆地自己做出了决定，反而会被人讨厌。不是说"出头的椽子先烂"吗？——在日本甚至有连头还没出就烂掉的情况。当有人问"先生，您说这个问题该怎么处理"时，我们如果不说类似"嗯，那么，大家怎么看呢"那样的话，名声就会很糟糕。

日本人磨炼出了一种表面上为大家考虑，实际上按个人意愿办事的"才能"。而另一种才能，也就是从一开始就说"好，我觉得应该这么处理"的判断能力却没得到什么训练。然而，这次震灾所要求的恰恰是这种能力。

　　震灾时很多校长都面临着不得不立即作出决定的状态。比如说有多少避难的人，而食品供给只有这么多，应该怎么分配，等等。这个时候再说"大家看怎么好"之类的话是绝对不行的。又比如"来避难的人能进校长室还是不能进校长室?"这个时候如果不能当机立断，避难所的工作就无法顺利展开。

　　可是"如果要是有那样的能力，我就不是校长了"这个说法也有其言之有理之处。一般的校长工作，确实需要从全体出发，考虑周全才能顺利进行。

　　所以我们面临的课题是，今后的防灾教育是否能同时训练出两方面的能力。一方面是日本人所熟悉的，大家在一起解决问题的能力，另一方面是在发生灾害的紧急情况下，独立解决问题的能力。

　　我认为，只要能清楚地意识到，在紧急情况下必须自己出面做决定这一点，就能同时具备两方面的能力，而清楚地意识到这一点是问题的关键。

　　在天下太平的时候，大家可以一起考虑、解决问题。但与此同时，我们也一定要注意训练独立判断、解决问题的能力。这种能力要一点一点地练习起来。在日本的学校里，大家一起考虑、解决问题的那种能力，在不知不觉中得到了很多训练。但我们要认识到，独自判断的能力也非常重要，这方面也需要训练。

　　我们到学校去时，经常能看到学校里写着"尊重个性"

的字样。如果校长说"大家要重视个性"，每个老师都会说"对!"大家齐声说"要重视个性"。这实在是一个奇怪的现象。大家需要意识到，类似现象比比皆是。

我完全没有说欧美比日本好的意思。欧美也有许多问题。震灾时日本人都挺过来了，可在欧美却发生了掠夺或暴动。这些方面我们要好得多。

此外，我认为"人人具有独自的决断力"这个目标，在日本是可以实现的。在教育中如何具体地去培养学生的这一能力，以及从事培育学生的教师本身是否具有这样的能力，是今后防灾教育的关键。

谢谢大家。

（1996 年 8 月 30 日，《活用震灾体验的防灾教育》，《兵库的心》所收）

进攻型学问

绝对平等的背后

在 21 世纪,左右人类未来的最关键因素是人的资质。毫无疑问,今后对人格形成极有影响的"道德""教育"这些内容,会成为更主要的话题。所以,在讨论未来日本教育方针的问题上,我想谈谈东方思想与日本教育之间的关系。

在议论东方思想对教育的贡献时,在日本是一定要分成"战前"和"战后"两个阶段来讨论的。一般认为战前东方式的、传统的、封建的思想,是错误的。而战后受美国影响而形成的民主教育,是正确的。以这种思想为基点考虑问题的人认为,东方思想对日本教育来说,只有负面影响而没有正面贡献。

先不谈这种想法是否正确,我觉得这种思考方式多少过于简单化了。这里不得不指出的是,其实日本人所说的"民主主义教育"受东方思想的影响非常强烈。

在日本,那些强烈主张"民主教育"的人,以"绝对平等"的价值观作为前提,结果经常无视人与人之间存在的不同。他们在下意识中承认,所有的人如果接受完全同样的教育,只要都努力就都能上好大学。

这种思想从一开始,就与以重视人与人之间能力差异为前提的欧美教育体系的方法论完全不同。在今天的日本，主张民主教育的人以为，民主教育是以美国的教育思想为依据而实行的，其实不然。美国的教育思想从根本上说，是以强调个人之间存在着的差别、个人之间存在着的能力的不同为根基的。实际上，不存在个人等概念的佛教思想观念，才是日本民主主义教育思想的基础。

现代西方非常重视将事物进行"区分"。他们认为能努力区分各种事物，并做到精益求精非常重要。他们将自己与他人、精神与身体、人与其他生物进行明确区分，并以此为基点，建立了思想及自然科学的体系。众所周知，他们以自然科学为基础的现代技术，就是在这样的方法下得到了发展，并取得了很大成果。

相比之下，佛教思想是在与西方思想相反的思考方式中得到发展的。佛教思想重视将日常世界中有区别的东西，看成一个没有区别的全体，所重视的是"融为一体"的精神。所以对佛教来说，现代西方以一分为二为根本的两分法是没有意义的。并且，在西方被明确区分开来的认识论与存在论，在佛教里则是同一种存在。也就是说，今天西方被划分为哲学、神学、心理学的这些学科，在佛教里只是一门学问。

掌握"模式"

那么，佛教的这种概念是如何形成的呢？佛教派别众多，且佛教教义根据时代不同也有所不同。在此，我们只能大致了解一下。也许与佛教通过中国传入日本的途中受到了道教影响相关联，其根本主张是"空无自性"。

在佛教里，西方人所重视的个体这一"本质"是不存在的。简言之，这一思想形成的过程，就是在心中否定所有的"自""他"之间区别的过程。以此类推，这个世界所有的事情及现象都归于一种存在，即连名字都没有的状态。这种没有名字的状态便被称为"无"或者"空"。

用《华严经》的用语来说，这个世界所有的生物和事物都源于"性起"。比如说并不是"这里存在着'河合'"，而是"存在'性起了'，所以形成了'河合'"。

也就是说，在考虑个人时，归根结底要把"这个人"看成完全没有"自性"的存在。每个人的出发点绝对相同。由此产生了一种想法，即存在性起成诸物时，最好能通过理想的"模式"来实现。日本所有的技艺都有重视"模式"的特点。简单地说，无论是什么样的人，只要掌握了这个行当的"模式"，这个人就能成为这一行的达人。

从任何人都可以掌握特定"模式"这个意义上说，练习掌握这个"模式"的过程被称为"易往易行"①。从字面上看就是"很容易做"的意思。然而虽然是"易往易行"，可实际练习起来有时却相当苦。比如在日本学习打网球，经常是

---

① 日文版中作"易行"，出自佛教术语"易往易行"。"易行"在现代日语中意为"只要努力，谁都能行"。——译者注

握拍练习或挥拍姿势比实际上场训练打球更重要。而从结果上看,这样培养出的选手,虽然有模有样,却没有什么实力。

"易往易行"精神的作用

如上所述,日本在开始接触到西方文明并急于将其引进的同时,却不知不觉地继续保持着"易往易行"的思想。应该说,这就是日本民主主义教育的真正背景。大家认为,重视"教育"才是尽快吸取西方文明的关键。这样,我们在教育上下功夫,争取让受教育者能早日掌握西方的"模式"。

战败后这种倾向愈演愈烈。自古以来的"易往易行"精神,在努力将西方文明尽快吸收进来的过程中,起了很大的作用。

人们认为,在战后教育问题上,一旦打碎了日本战前存在的"身份"制度,便等于实现了民主教育。日本人在苦于承认个人的能力差别之前,还深受身份差别之苦。所以,我们的教育在铲除"身份"差别的同时,也推进了"人人平等"的思想。从这一点来看,它对战后的社会非常有意义。

值得指出的是,在战前教育中遗留下来的个人之间存有差别的思想,多来自传统"身份差别"。因此,摆脱了这个身份差别之后,个人之间的能力差别也完全不再被注意了。这以后,在人人平等的思想方针下,只要努力,所有的人都可以成功的思想，便开始支配了整个教育界。

　　对不善于学习的孩子们，家长和老师不会建议他们"如果太难的话，可以根据自己的情况慢慢来"，而是训斥他们"学习不好都是因为你们太懒，必须更加努力"。诸如此类，教育界没有形成一个能使善于学习的孩子和不善于学习的孩子都可以发挥出自己特长的良好环境。并且，日本在编定教科书及其教学方法上，也追求完全一律。大家以为，整齐划一的教学就是民主主义教育。

　　然而，请大家想一想，是否每个人都努力练习了就都能成为职业垒球选手呢？擅长数学或不擅长数学的，他们解题速度会不一致，那么理解力也会不一样。老师讲课内容一样，而学生理解与否，这跟学生自身的理解力密切相关。

"跳级"和"留级"制度

　　"跳级"和"留级"制度，表现了欧美针对学生因材施教的一个侧面。

　　我曾与家人同在瑞士生活过。当时，我的孩子在瑞士上幼儿园。当我了解到瑞士有从小学退回幼儿园的情况时，实在吃惊不小。我跟当地幼儿园老师说，"在日本，绝对不会让孩子从小学退回幼儿园的"，老师回答"日本的教育制度怎么这么不通情达理呢"。也就是说，在瑞士小学一年级的学生中，让能力不够的孩子去幼儿园被视作一种善意。

　　另外,我在美国申请大学研究生免学费时还有过这么一件事。在日本的话,一般来说学校需要了解学生的经济状况。可当我把申请书交上去时,申请立即便被批准了。我问"你们不考虑学生的经济状况吗?"回答是"如果对学习不感兴趣,就算经济状况不好,他们也不必来了"。如果因为课业内容太难,而达不到免交学费所规定的分数线,那么要么转学去更容易的大学,要么自己付学费学习。

　　在日本,这种做法有可能会被视作一种歧视。可这对重视个人之间有能力差异的美国人来说,则理所当然。完全谈不上什么歧视。如果不能容忍这种"歧视",那么你可以靠自己努力学习、努力工作致富。

　　而日本则相反。日本学校一年级的学生里尽管有人学习成绩差,但也可以顺利升入二年级。这一般被视作善意的做法。而由于这样的"善意",日本大学出现了大量学生接连不断顺利毕业的状况。这样,无论是在大学、中学,还是小学,为保持教育的整体水平不走下坡路,大家始终保持着极端努力的姿态。

　　当然,这种教育确实有效地提高了日本人的平均知识水平。这一点也是事实。日本的教育者们以为,他们以美国的"民主教育"为样板取得了很大成绩。实际上应该说,这个成绩是依照东方思想取得的。问题是很少有人意识到这一点。

　　日本的教育提高了日本人的平均知识水平,毫无疑问,这对日本战后的经济复兴发挥了很大作用。从这个意义上来说,我们应该承认东方思想在日本教育上的贡献。

"易往易行"式教育方法与霸凌

然而,所有的事物都具有正反两方面,这也是事实。我们必须考虑到,东方思想在做出卓越贡献的同时,也产生了负面问题。对现代日本来说,大家日益明确地意识到东方思想的负面作用。

就日本的学习形式来说,现在的情况与过去大家同在私塾学习四书五经的情况没什么大变化。按照我们的传统做法,只要孔子或孟子已经说过是"正确的",那么就要"尽早"学习和掌握这些知识。所以,今天的日本教育也有"死记硬背"的风气。可这种做法,已经不被今天的世界所接受了。刚才提到的"易往易行"式教育方法,虽然对提高全体社会的教育水平有效,可对实现孩子个性的发展来说,则会起相反作用。

我们完全可以说,在今天的日本,这已经成为许多学生拒绝上学的重要原因之一。个性强的孩子,很难习惯日本学校统一的、千篇一律的教育方法。所以他们就有可能拒绝上学,也有可能因为自己与整个学校的气氛不一,而成为被欺负的对象。

我从事心理治疗,常接触到一些受欺负的或拒绝上学的孩子。这使我有机会,从一定程度上体会到"易往易行"

式教育方法的负面影响。比如，一个很有独到见解的孩子发表了一些有意思的看法，可如果这些看法和老师所教的方法有所不同，反而会受到老师的训斥。班上同学也会群起而攻之说，"你算老几啊"。

另有一个高中生的例子。这是这个孩子在美国生活三年后，刚回到日本时发生的事情。这个孩子回国后上了一所普通的高中。在英语课上，这个孩子的英语发音当然最标准。问题是，老师是日本式的英语发音。这个孩子觉得日本式的英语发音很奇怪，便立即念出英语单词的正确发音。但这种做法却出了问题。伙伴们叫这个孩子"怪日本人"，并开始用起绰号的方式欺负这个孩子。

有种主张认为，所有的孩子只要努力就一定会取得好成绩。这从培养学生重视学习的角度上看虽然可取，可如果太过于强调，则会给学生增加压力，招致拒绝上学的情况及增加身心症发生率的结果。

而且，对个性比较强的学生来说，不恰当的教育方法，对他们高中阶段的影响会比小学阶段更恶劣。许多学生虽然能很快掌握老师教的书本知识，但以独立思考为基础的创造性研究能力却差得多。

与世界其他国家相比较，日本人到高中为止的学习能力水平是相当高的。可是，日本大学生及研究者的能力与他国相比较，水平却一落千丈。实际上有一个很常见的现象是，我们经常可以看到，一些具有独创研究能力的学者，由于感到自己的研究在日本大学太受局限,而走出日本去国外研究。在绝对平等意识的支配下,如果跟大家保持行动一致,就天下太平。若是做一些具有创造性的工作,则立即被视作利己主义。而在美国大学,多数情况下则会对那些有杰出创造性研究成果的学者,付给更高的薪水。这种事在日本恐怕不会出现。

美国的教育

日本的教育方法,对培养有创造性的"个人"来说,存在许多负面因素。因为如果一个人比别人能力强又聪明睿智,在日本的社会制度中,则会被别人拉后腿,惹人嫌。所以在日本,更多的是能将前人的好成果很好地运用到实际生活中的"秀才"类型的人。

从这个意义上说,因为日本以往是农耕社会,加上佛教的平等思想始终备受尊崇,处处随大流,别人怎么做自己也怎么做就不会出问题。一旦灾难降临时,大家就会互相帮助。相反,鹤立鸡群是不受欢迎的。在这种传统的影响下,日本人中最普遍的生活态度是"只求安全,不求创新"。

然而,若要通过开发创造力来振兴社会,日本教育也需要在一定程度上采纳欧美的唯才是用体系。那么,今后日本的社会和教育中,如何具体地导入这种欧美式体系呢?

在美国教育第一线,从初中或高中阶段就已经出现竞争。这种竞争比日本要激烈得多。竞争意识甚至反映在男女生的交往上。有人气的男孩会很受女孩的青睐,没有人气的男孩则无人理睬。另外,在美国如果到星期五了,才想起来邀请女孩的话,一定会被拒绝。因为女孩从星期一就开始收到邀请了。到了星期五还没被邀请的,都是没什么人气的孩子。

在美国就是这样,从小学生、初中生的时候开始,所有的事情就开始出现竞争了。那种认为在民主主义的国家没有竞争的想法是一个误解。日本的孩子对这种激烈的社会竞争完全没有体会。

德国的师傅制度

相比较而言,在欧洲,竞争没有美国那么残酷。欧洲在很长的历史时期中形成了安定的社会体系。尽管他们了解自由主义是竞争社会的"理论",同时也明白现实社会与理论不会完全吻合。在这个意义上也许可以说,美国的自由主义是欧洲自由主义的实验基地。

正如我们从德国的师傅制度中可以看到的那样,欧洲的社会特征是整个社会由一个个的"框架"组成,人则在一定程度上被合理地安排进去。

德国的师傅制度是到了一定的年龄,进入专门的职业学校学习,在那里取得职业执照的制度。比如说如果想经营肉店,不是肉店师傅就不能开业。

还有,即使拿到了师傅的资格也不一定能立即开店。

在商业领域,每一个师傅的服务对象有一定人数,都有属于自己的服务范围。新的师傅即使想开业,如果有可能出现商业竞争就不能加入进去。也就是说,现任师傅是完全受到社会保护的。这样,师傅不需要向别人低头,可以悠闲自得地经营。在德国,到了一定的年龄,在上专门学校的阶段就已经完全被分配好了职业。这样,即使不那么拼命也不会失去工作,人人安居乐业。

粗粗一看,这个制度似乎与竞争原理不符,其实不然。师傅制度与自己的工作由自己来守护的意识相关联。比如,如果想当心理分析师,其考核难度非常大。社会上心理分析师的人数是有规定的,如果考试过于容易,合格者增加,则会对现任心理分析师形成压力。

所以说这仍是一个竞争的社会。大家为保护自己行业的利益,需要与外部人士进行竞争。在守护自己职业利益的同时,他们也努力确保自己工作以外的时间,有空余时间参加娱乐活动或者去教堂。工作时间与非工作时间区分得很清楚。星期日是基督教的安息日,那天是不可以工作的。所以到了星期日,一家人会穿得漂漂亮亮地出门去教堂。

新的教育方法

在这方面,日本人公私不分,也不在乎是不是休息日。并且,也不存在一个类似师傅制度那样的可以保护自己利益的制度。说不定什么时候自己家旁边就会开一个肉店,而且所有的肉店一起大减价的情况也会发生。尽管也是竞争社会,但日本与欧洲的竞争规则不同。欧洲人之所以对日本人嗤之以鼻,称日本人为经济动物,是因为日本人完全不理会欧洲人自由竞争的规则。现在,包括日本在内的许多发展中国家的竞争处于"毫无章程,怎么来都行"的状态。应该说,日本还没发展为像欧洲那样成熟的工商业社会。

而在日本人看来,这样的师傅制度是一种"利己主义"。换句话说,日本人的民主主义,说到底是日本式的民主主义。我们必须认识这一点。

当然我们一直在反复强调,这并不是一无是处。日本有日本值得夸耀之处。日本犯罪少,雇用率高。即使一个没有能力的人每个月也有一定收入。可以说,日本企业利用这种制度巧妙地拥有了人力资源。

日本人并没有把自己看成佛教徒,可从生活方式上来看,大家却都像佛教徒那样生活着。现在虽然有人提出了个人如何在企业这个集体中发挥能力的问题,另一方面又指出个人的自由度不能过高,不能打乱规章制度。日本的这种追求平衡的做法与美国、欧洲不同。

因此,在重视个性教育的过程中,非常重要的一点是,我们要进一步采纳欧美的做法,但却不可完全照搬。有人对近年日本的状况非常悲观,他们认为问题出在日本的制度上,我们要完全模仿美国的制度。这种想法从根本上是错误的。正确的做法是在充分认识深受东方思想影响的日本式民主教育长处的基础上，进而融入欧美的一些做法。

比较理想的是，在日本模仿美国的同时，希望美国也有模仿日本的姿态。我的意思是日本绝对不是完美的，但美国人也应该对日本加强了解。对今后的社会来说，我们有必要学会如何使难以并存的概念达到兼容并包。

排除"身份"意识

如前所述，实际上，我们很难依样画葫芦地模仿美国或欧洲的社会体系与教育体系。那么，我们在考虑日本新教育方法时应该意识到哪些问题呢？

大家应该意识到，感觉上的"身份"依然拖累着日本人的平等主义。能干的人身份越来越高，不能干的人身份越来越低，这是不对的。日本人虽然承认人与人之间具有能力差别，同时也必须持有真正平等的人生观。

日本的教育是日本人的问题，而不是教育体系的问题。即使模仿欧美的教育体系，改变考试方法等，若意识深处仍有大学毕业或东大毕业就能改变身份地位的想法，那仍然不解决问题。最重要的是人们要认识到，东大毕业的人与没上过大学的人是平等的。为了实现这一目标，在改变教育体系以前，要下决心彻底改变日本人的思维方式。

明治政府在打破江户时代的士农工商身份制度的同时，设立了学历社会制度——这一新的身份制度。这与欧洲身份制度的性质不同,在欧洲阶级是可以变动的。劳动阶层的人通过自己的劳动可以变成资本家,进入资本家的行列。而在江户时代,一个人的身份终身不能改变。

也就是说,明治时代以学历取代了决定其一生命运的身份。这对今天仍有影响。比如在过去,陆军士官学校毕业的人,当时的成绩和名次可以影响这个人的一生。

日本人没有能力大小的概念,所以从来不按能力决定顺序。这就是身份制度得以保留的原因。从某种意义上说,日本人不决定身份便不能安心,所以以前曾靠由命运而定的长幼关系来决定顺序。虽然在民主教育制度下,现在正在向以能力决定顺序的方向过渡,但仍做不到完全用能力来评价一个人。传统身份制度总会莫名其妙地在一些关键时刻起作用。

现在人们上大学仍只是为了获得身份。也就是说,问题在于上大学的目的不是为了获得能力,而是为了获得身份。大家为争取实现重视个性的教育,经常讨论考试制度的利弊,但只要日本的家长认为进东大是自己孩子最好的选择,就不可能解决问题。须知上大学不是为了获得身份而是为了提高自己的能力。在日本只要不消除身份意识,能力主义则无从谈起。

在法国,小学六年只有三分之一左右的学生能按时毕业,留级学生占多数。美国也同样,老师会不停地给学得快的学生出些更难的问题。这样,理解问题比较慢的学生与不断跳级的学生之间渐渐拉开了距离。

非常重要的是,这种乍一看不公平的教育方法,是以学习成绩好坏都一样的平等思想为基础的。在美国大学里,从一年级升到二年级时,有一半学生自动被淘汰。校方会为这些学得不好的学生介绍一些水平比较低的大学。有的学生从一流大学转到二流或三流大学。但如果在三流大学取得了优异成绩,也有可能重新回到二流或一流大学。

也就是说,美国的民主教育在于所有的人都有平等的机会这一点。所以在那里会频频出现"败者复活"的情况。这与日本的"出身大学"可以决定身份的民主教育根本不同。

另外,无论是法国还是美国都将上大学看成一种投资。一般喜欢看书学习,想上大学的人才会上大学。他们认为如果投入了精力和金钱却无收入,还不如把这份力量用在自己有兴趣的方面。可在日本,由于身份观念根深蒂固,这种想法便毫无出路。许多人是为了获得身份才去上大学的。

导入责任感

此外,在考虑日本教育时还必须意识到责任感的问题。

在日本,如果公司的总经理采取自上而下的方法解决问题时,会遭人奚落,被指责为独裁主义。可这在美国则很平常。大学升学考试的情况也类似,教授在研究生的入学选拔时可以强烈推荐。虽然教授的权限很大，可如果教授推荐入学的学生成绩差，教授将名声扫地。所以教授们会积极努力录取高质量的学生。

在日本，虽然也争取客观地评价学生，问题是太过拘泥于分数。入学考试时，有时比别的学生只高出一分就有可能被录取。其实，这种情况下并不清楚所录取的学生是否真正具备学习能力。看起来似乎在客观、严格地选拔学生，实际上并非如此。

在日本，自上而下的解决方法被认为是非民主的。然而，大多数民主主义国家却都主张这种做法。如果我们认为现在必须把教育改变成重视个人、个性的教育，那么导入欧美教育第一线所能见到的责任感则事关重要。

从这一角度考虑，日本企业方面也许可以导入我们在教育上提出的重视个性的原理。

日本企业一直以来始终处于东方式平等主义，也就是终身雇用制的环境中。即使知道自己没能力，工资也不会比别人低。而从原则上看，只要得到了同事的认可，就无大碍。不过，一旦出了问题，不仅自己遭殃，公司也受损。这种事情以前经常发生。

其中最大的问题是，如果有人对单位里公认的一些无能力者严格指出的话，则会遭到非难。而如果宣布减少工作效率差的职工的工资，这些人就一定会发起运动，进行非难，指责"我们不是民主主义的公司"。考虑到类似事件有损公司利益,公司方面一般会采取置若罔闻的态度。

这种状况由公司对职员之间能力差距的不甚了解而引起。这同尽管口头上承认人与人之间能力有别,仍坚持要求孩子考东大的家长的心境是一样的。

对今天的企业来说,停留在表面上空谈大道理的做法再也行不通了。随着泡沫经济崩溃,接踵而来的经济衰退、裁员日益增多,在建立任人唯贤制度的过程中,今后必须有人站出来说真话。当前这样的改革势在必行。在经济增长的年代,日本的银行等已经形成了严重的人员过剩。随着国际化、自由化的到来,泡沫经济将走向崩溃,减少人员开支成为大势所趋。

期待变化

人们认为新的日本式精英主义即将出现于商界,这是因为企业人正在迎来一个必须承认人与人之间能力有差别的时代,否则企业将陷入难以支撑的地步。这种从企业开始的意识变革,也一定会渐渐地渗入教育界。

实际上,最近企业在招聘大学毕业生的过程中,开始重新估价学历背景在招聘中的影响。索尼公司最近在招聘时,规定不许显示大学校名。这些新气象将给我们带来对教育思考方式变化的期待。

一直以来在日本教育第一线,研究者在大学时代取得了身份后,为了维护自己的身份,有些人在研究上有做"防守型学问"的倾向。如果谁有出类拔萃的想法,则会遭周围攻击。一些学者情愿通读欧美文献,取其精华,发表一些不会出什么差错的研究成果。这属于学术上的"人云亦云"。

但最近在日本大学等研究领域,出现了以年轻学者为主,致力于自己有兴趣的国际性课题研究的气氛。我把这种学问叫作"进攻型学问"。我们期待这些微小的变化,给日本教育界带来鼓舞人心的新气象。

(1997 年 2 月 13 日,《东西思想融合的新式教育》,《东洋思想的智慧》PHP 研究所所收)

霸凌与拒学

教育的意义——与大川公一[＊]、芹泽俊介^{＊＊}对谈

不能误解"父性复权"的含义

大川：我们今天请河合先生、芹泽先生来谈谈关于日本的学校教育，特别是以初中、高中为主，针对"我们能通过教育得到什么"这一主题进行讨论。

河合先生是日本荣格心理学奠基人，通过心理咨询、临床心理治疗做了许多工作。他同时也长期担任大学的教育学教授。河合先生从这些方面出发，对家庭问题、学校问题及教育问题发表过许多看法。芹泽先生最初主要从事文学评论工作，现在则是社会评论领域的家庭、孩子、教育等方面的一位非常有影响的专家。两位在教育或家庭方面可能会有相同或不同的意见。我们希望通过今天的讨论，能了解到他们的这些相同或不同的看法。

我在高中执教二十五年，通过在教育第一线与学生的接触，感觉这十年间学生在家庭中的地位发生了变化。学校随着社会的变动浪潮而摇摆，教师每天也在琢磨着应该如何适应新的环境。现在就请两位谈谈他们的看法。

＊　大川公一，1947 年生于静冈。原成城学园高中教师。近代史、近代文学专业。日本中等教育讨论会"云会"同人。

＊＊　芹泽俊介，1942 年出生于东京。评论家。著有《母という暴力》《親殺し》《家族という絆が断たれるとき》等。

河合：现在在日本，对究竟要成为什么样的大人，或者连什么样的人算大人都搞不清楚了，这当然会给高中老师带来许多烦恼。我们说话也必须十分小心，有时一两句话就会造成误解，或被随意添枝加叶。有人提倡"父性复权"，结果被理解为要变得强硬，然后进一步又被理解为最好实行体罚。这一点很可怕。所以我们说话一定要仔细斟酌，小心谨慎。

芹泽：我完全没有当教师的经验。自己跟学校或教育的关系，限于小时候要接受教育，及作为三个孩子的父亲这样的关系而已。所以，当自己发现教育方面的问题时，总处于比较消极的立场。除非碰到了跟自己相关的事情，一般我不太会主动对学校说应该如何做才好，或发表应该如何办教育的意见等。

正巧我们住宅区初中的校规里，有全体男生要剪平头的规定。因为孩子觉得这个规定令人头疼，我便比较积极地参加了要求废止这一校规的运动。也就是说，当自己的孩子所在学校的某些规则让人不能接受时，我会积极地出来说点什么进行反对。而如果要大范围地给整个教育界或学校提意见的话，我总是比较踌躇。我很担心自己的发言事后在不同场合被人断章取义，随便引用。所以一般很小心。

河合：我当过三年高中教师。我很庆幸自己有这个经历。做教师的工作，给学生评价时目光总会比较短浅。说白了自己在高中教书三年中,一直想把学生培养成好孩子(笑)。初中教师特别容易产生这种想法,其实初中三年里完全没有当好孩子的必要。从漫长的人生来看,在初中时吵闹厉害的学生,有些日后则会变得很有意思。这在初中时很难看出来。高中老师们要一直观察学生在自己教完以后的情况。

芹泽: 指的是毕业以后的情况吗?

河合: 对。一直观察下去很有意思。一天我突然接到已毕业二十年的一名学生的电话,对方说"老师,我们现在喝酒呢,你一起来吧?班上的谁和谁也在,都是一些当时数学不好的学生",说完笑了起来。这样的孩子能记着我,邀请我一起喝酒,我真是非常高兴。然后他们很为自己骄傲:看看,当时在学校学习不好的学生,现在却大显身手了。我也回答说,确实如此。

当时确实很难看到学生的将来。自己当老师的时候,觉得数学好的就是好学生,数学不好的就是差生。有了这种想法,也会这么说出来。我曾和数学差的学生说"再不加强学习可不行了"。其实不就是数学差一点吗?其他方面也许比我还好呢(笑)。

所以,高中教师要更全面地观察一个学生,而且如能把这个学生的未来结合起来看,一定有不同感受。

芹泽: 有一次我被问到"你对学校的期待是什么?"我说"没有任何期待",对方听了后很不高兴(笑)。然后我又加上一句"请尽量别对学生管头管脚"。后来听说初中老师议论"跟说这种话的芹泽没什么好谈的"（笑）。

相比之下，孩子在学校跟老师相处，比在家跟我们相处的时间长多了。就算你要求老师别过分管自己的孩子，还是会被管头管脚。自己作为家长，心里确实觉得能跟老师说两句"别过分管我家孩子"这样的话恰到好处。还有就是希望学校的校规在细节部分别把孩子勒得太紧。我曾把这些想法一并跟学校反映过，老师们很不愿意听。

河合：他们是不愿意听。他们的王牌大概是"不了解实际教学的人，胡说什么呢？你这些都是些评论家的看法"，我说的对不对？

芹泽：正是如此（笑）。

何谓默默守护

河合："默默守护孩子"与"别对孩子管头管脚"的说法比较接近，也更容易被接受。其实默默守护孩子比教孩子需要多花费许多倍的精力。明白这个道理的老师会安静地守护孩子，不明白的人则认为默默守护是偷懒。其实大谬不然。特别是默默守护初中生，更会被累得筋疲力尽（笑）。所以如果换个说法，"尽管非常辛苦，但是还是希望能争取做到默默守护孩子"，那感觉就完全不一样了。

芹泽：做到默默守护孩子，对父母来说同样很难。从某种意义上来说，父母自身也能在这个过程中得到成长。

河合：是这样。在努力做到默默守护孩子的过程中，父母自身一定会成长。而且能从孩子那里学到很多东西。在这个过程中，有时你会产生"原来如此"的想法，或者觉得孩子"太棒了"，以至感动得欣喜若狂。所以在守护孩子的过程中，我们自己一定有收获，会得到成长。教书则不然。每天就是反反复复教那些编定好的教材，训训学生什么的，反正对方没自己懂得多。可有时候音乐老师会碰到比自己强的学生，让他们头疼（笑），这也是比较特殊的情况。一般都是自己比学生强，而且教师对自己所教的东西也非常熟悉。教教学生，然后纠正纠正学生的错误。这样，教师很容易产生一种唯我独尊的错觉。其实这也是一种如芹泽先生所说的糊弄学生。

芹泽：我只能说一些自己亲身体验过的事情。比如在跟自己孩子相处时，有时想需要对这件事提醒一句，可说了以后往往没什么好作用。这种时候如果能把到了嘴边的话忍住，之后总会出现更好的结果。

河合：是这样。孩子们总想把事情做得出色一些。有时候他们会很兴奋地说"做好了！"而结果常常好得超出我们的想象。

芹泽：超出我们想象的时候更多。当我们想要跟孩子说什么，找一个恰当的时机并非易事。这种时机只能在默默守护孩子的过程中找到。

河合：对，对孩子漠不关心最不好，比管头管脚更糟糕。

大川：我在高中教书教了二十五年,最近好不容易才做到先生所说的对学生"不断地思考,默默地守护"这一点。我有时会跟青年教师说"这个时候先别插手",青年教师们一般反应是"那我们不能看着不管吧?"所以,正如先生所说,默默守护孩子,比平时需要多几倍的精力。而作为教师,总觉得马上出手才说明自己在工作。

河合：热心的教师一般会这样。客观上看,确实有一些特别热心于对学生管头管脚的老师(笑)。

大川：河合先生曾在高中教书,也曾在京都大学教书,有时候又作为临床心理学者同时回答很多人的问题,所以先生总是很注重现场感觉。相比之下,芹泽先生则站在远处把学校作为一个现象来观察,所以非常敏锐,也会有一些很严厉的指责。河合先生非常了解第一线的教师或学生家长的难处,所以说话更为婉转一些。

避免轻易下结论

大川：下面要讨论的是最近发生的神户事件(1997 年 5 月 27 日发生),大家都很熟悉这个事件。河合先生在《朝日新闻》所发表的意见中,曾提到不要太在乎原因。河合先生当然不是在主张无视事件的发生,而是期待通过对日常生活的不断探讨,得到一个更健康美好的日常生活环境。芹泽先生则在《世界》上发表了《孩子们为什么使用暴力》一文。另外在犯人抓捕归案之前,他也曾在《正论》发表过

《"酒鬼蔷薇圣斗"精神的崩溃》一文。这篇文章初步预告了犯人是个少年。从这两篇文章能看出两位作者对事件的许多不同感受。河合先生认为"不要只是单纯地去找原因，问题会在日常生活中得到解决"，我觉得这是日本母性社会看问题的方法。相比较而言，芹泽先生的态度则是要彻底弄清楚事件的原委。无论是怎样耸人听闻的事件，只有彻底理解才能渡过难关。对此，我很想进一步听听两位各自的本意。

芹泽：我自称是犯罪爱好者，着迷于犯罪研究，所以我非常注意这次的神户事件。特别是此次事件是碎尸案。从以往碎尸案的特征看，罪犯常将尸首的头部隐藏起来。这次尸首的头部却暴露在外，而且被放在初中校门前。这在犯罪史上是第一次，于是犯罪史便成为我接触这个案件的第一着眼点。

针对犯罪事件，人们有更加注意事件中加害者的倾向。由于犯罪史和精神史并行，所以新的犯罪也会产生前所未有的精神性内容。人们一般更注重对犯罪者的研究，而忽视对受害者方面的研究。

我常想，我们是否应该跳出站在被害者的立场攻击罪犯及罪犯家庭的层次。我们可以从道德层次或救济的角度进行思考，这里用救济一词也许过于狂妄了，但是否能从救济的视点做些新的探索呢？

河合：我并不是主张不找原因，有非常多的人太过于简单地断定原因了。我们必须避免这种做法。过好每天的日常生活,新的想法自然会出现。除了说明原因、指出谁是坏人以外,大家更需要花时间慢慢考虑,自己应该如何去做。我们提倡这种做法,每个人都应该去试一试。

可在现实中很难做到这一点,一般总会简单地去找坏人。或者说很多人在找到了罪大恶极的人后才安心。这时候他们心安理得地认为自己跟事件毫无关系,实际上,社会的全体人与事件都存有关系。

芹泽:确实,大家都急于得到谁好谁坏这类答案。

河合:越是急于给出答案的人,越会觉得此事与己无关。

芹泽:不可思议的是,这些人觉得跟自己没关系却要充当受害者的代言人,或表现出自己在代表正义说话。实际上这有点可怕。

河合:确实如此。如果愿意参与解决问题,那么必须从根本上深入思考问题。

大川:作为非正义行为之一,暴力行为带有一定的象征性。从学校的情况看,有日本式的校园霸凌,也有到现在还存在的家庭暴力。我在想,战后民主主义教育已经五十年了,可暴力问题并没有被认真讨论过。最近暴力事件明显增加,大家也只是轻描淡写地指出而已,并未进行深入讨论。河合先生对此怎么看?

河合:也许用武力这个词比用暴力更恰当一些。每个人从小都有一定程度的尚武倾向。孩子在时不时的逞能要强中逐渐长大成人。问题在于人们太过于随便地否定武力了。说得直截了当一些,现在打仗游戏和竹剑游戏之类一概被认为有问题。以为说一句我家什么武器都没有就是和平教育了。孩童时代玩竹剑游戏,体验一下被杀死的感觉也可以明白和平的意义。

大川:大家认为事情很简单,以为只要教师和教育工作者全部反对战争和暴力,就万事大吉了。

河合:要害问题在于不去深入思考,而只是教条主义地看问题,以暴力一言蔽之。但是对人来说,力量与性是人的根源性问题。如果追求和平却不讨论和认识这一根本问题,则会给孩子带来巨大的压抑感。这样,出于抵抗,孩子自然会出现反面情绪。

芹泽:与暴力问题并存的还有疯狂症(Insanity)问题。粗粗概略一下,从武家掌握政权到战败这个历史时期,暴力与疯狂症共通,或至少人们承认两者在制度上属于同一种存在。在这种制度下,在战争中杀敌人被认可、有理由的讨伐及杀人被认可,包括把刀伸向自己,也就是说切腹或斩首统统被认可。战后这一切迅速消失了。那么,那股杀气去哪儿了呢? 我想应该是分摊到每一个人身上了。

河合:对,确实如此。

芹泽:我们过分轻视遗留在每个人内心的疯狂症、暴力冲动,以及由此而来的各种倾向性了。而有时候,我们又太过于随便地对其贴上各种"罪恶"的标签。

河合：是这样。把这种存在归属为罪恶，然后期待通过消除罪恶将其转变为善良的存在。这种简单的思维方式绝对行不通。

芹泽：暴力和疯狂症悄悄地在个人内部膨胀，直到有一天你注意到的时候，它已经巨大无比了。

河合：是的。已经到了一触即发的状态。

芹泽：这种东西到时候就会自然爆发出来。柏林墙的倒塌、各种价值观的崩溃，都可能成为促使其爆发的契机。

河合：正如你刚才所说，暴力和性在过去是成功地被纳入制度中的。到了现代，随着制度的变化，这些一概变成了个人的责任。虽说如此，其实在冷战中还是能看到敌人的。美国和苏联尽管互指为敌，也仍在交流。换句话说，国家之间一边打冷战互相指责，一边仍互相联系着。现在这些都不存在了，那么如何与"恶"相处这个问题，就变成需要个人各自把握的问题了。现在如果设法把人锻炼培养成能负得起这种责任的人还好，如果想通过教育彻底铲除每个人内部存在的"恶"，指望人人都变成十全十美的善人，那就要乱套了。

芹泽：无论是以 1995 年 3 月 20 日的东京地铁沙林事件为代表的奥姆真理教事件，还是最近的神户少年杀人事件，都是不深入讨论问题，而只想捂住事件。

在和平环境下生活不容易

河合：我前一阵非常气愤。说是因为树木多了会影响监视孩子，人们把街上的树都砍掉了，而且这并不限于神户地区。结果适得其反，住在一个连捉迷藏都玩不成的地方还有什么意思？

芹泽：真是岂有此理。实行绝对化管理，确实能达到犯罪清零。世界上没有极端的集体主义制度办不到的事情。

河合：只有在残酷的战争年代里，神经症、犯罪、自杀才会出现急剧下降（笑），因为外部存在着互相激烈地残杀。

芹泽：从战前的昭和十六年（1941年）到昭和二十年（1945年）的四五年间，犯罪急剧减少。

河合：那几年自杀基本消失，神经症也很少，精神分裂症另当别论，所以这个数字当时基本完全没有变化。在和平时代生活并不是一件容易的事情。日本的和平年代已经持续很久了，代价也很大。和平环境当然好，可我们对和平时代应该如何生活的认识欠缺太多。

芹泽：没有一定的牺牲是不行的。

河合：是的，每个人都要承担一些。

芹泽：可现在却逆时代潮流而行，出现了压制个人的倾向。有人对讴歌自由发难，他们认为正是对自由的歌颂才带来了今天的种种问题。

河合：完全错了。

芹泽：的确是错误的。我们的社会应该朝能更多地接受个人的方向发展。今天听了河合先生的话，我觉得应该把个人推到更前端，而一个人要对自己的所作所为负责。

河合：这样就出现了一个责任的问题。每个人自己要承担风险。

芹泽：怎样才能成为一个有担当的人，也就是说创造出真正意义上的个人，真不是一件容易的事情。

河合：这恰巧就是教育问题。

芹泽：法律与制度对个人意识都有所压制。非常令人担心的是，五十年来出现的个人意识，还没得到充分发展却要夭折了。

河合：确实如此。从表面上看，大家虽然都很自由，能做自己喜欢的事，也似乎都很高兴，可一旦触及我们刚才谈到的问题，就立即碰到许多限制。

芹泽：这个社会闷得让人喘不过气来。武田秀夫是20世纪80年代初期辞职的初中教员。他认为孩子们从70年代后半期就开始躲避表现自己，不希望别人更多地注意自己了。这次神户事件肇事少年曾把自己描写为一个"透明的、毫无存在感的"人。武田说在他自己当老师的时候，就已经开始察觉到这种情况了。原来，这个现象已经持续二十年了。

儿童调查研究所成员近藤纯夫，是一位致力于肯尼亚研究的学者。他对肯尼亚的朋友说"现在日本的孩子好像处在一种屏声息气的状态"，那位朋友回答说"就像我们屏住气穿过豹子出没的森林时一样"。这个比喻真有意思（笑）。

河合：很有同感。随时都有被吞噬的危险。

芹泽：大家都感到战后五十年，我们好像一点一点地走向自由了，其实不然。

河合：从某些方面看，我们确实得到了一些自由，而从本质上看反而比以前更不自由了。机械、技术的空前发展，为从根本上制定各种规章制度带来了便利。这对孩子们来说影响非常大。我们小时候，家长和老师也都想方设法管我们，可他们总会出些漏洞。所以，我们是自然成长的。可现在这种自然成长的环境却消失了。

我常常说，并不是以前的家长和老师有多伟大，他们也跟现在的家长、教师一样，想把孩子管得紧紧的，只不过没实现。幸好没实现（笑）。我们这个时代反而更难了。现在家里孩子少加上有钱，大人很容易监视孩子。对家长和教师来说，今天最重要的是能够看得见孩子、理解他们，默默地守护他们。

教师容易犯的错误

芹泽：人们都一个个单独地生活着，有时连呼吸都小心翼翼，这算是一种不安吧？也许可以说，我们是在跟别人接触的恐惧中生活着。如果真这样，跟别人稍有接触也就有可能给人造成很大的伤害。在学校,一个班有三四十个孩子。读了河合先生的书后我感到,河合先生在跟孩子接触时,始终在进行一对一的对话。教师们要做到跟学生进行一对一的对话,必须得改变自己的一些想法。河合先生把一个集体看成像一个身体似的有机体,所以跟学生的交流才总会使人有一对一的感觉。

　　河合:掌握了一对一交流的感觉后发现,对一个人与对全体的感觉其实没有太大区别。有时候对三十个人就像对一个人一样。相反一对一的时候,也可以看成一对许多人。在处理一个人的情况时,实际上与其家属及朋友都会有关系。所以虽说一对一,有时会同时跟许多人相关,而有时面前有许多人,却能将其看成一个人。这就是人的有趣之处。

　　芹泽:我很理解您刚才所说的。可是,把许多人看成一个人的做法似乎不那么友好吧?观察老师们的上课方式,一般,老师们会自己估计一下班上大约多少人能听得懂课堂内容。如果班上有四十个人,他们认为三十到三十五人能听懂。实际上他们是在给这三十几个学生上课。问题是剩下的五到十人怎么办呢?

　　学校就是这么一个团体,如果把普通孩子看成普通孩子,就自然有普通孩子以外的孩子。普通以外的孩子是一个一个的个体。同时,主要的这群孩子就会被看成一个整体。对吧?所以我想,大概教师看不到这群普通孩子中每个学生的不同吧。

河合：对教师来说这是一个非常容易犯的错误，在实际工作中确实如此。我当时是数学教师，特别容易犯这样的错误。高中数学课全班一起上，不可能每个人都懂。所以，正如你所说的，如果有四十个人，差不多三十个人明白，另外十个人不明白。要想让那十个人都明白，得费很大的功夫，所以一般就放弃了。我的想法是他们只要不吵闹就可以，睡觉也行。这样，确实会把那三十个人看成一个整体。这十个人有的很安静，有的比较吵闹，一个一个都看得很清楚。而那三十个人则很容易被看成一个整体。这是个很容易犯的错误，也是一个必须改的错误。

芹泽：想改的话，有什么方法呢？

河合：那就要注意到每个学生。还有，教数学的话，不能只教数学知识。我经常在教室外上课，在教室外边与学生接触就发现每个学生是不一样的。我一般不会以某个学生数学怎样来看学生。我这边这么反应，对方也能感觉得到这个老师在这样关注着自己。比如对一个数学能力不强，正坐在那儿发呆的学生，如果你跟他说"那天你跑得真快"，就这么一句话情况就会有所改变。学生只要发现这个人（老师）注意到了每个学生，他们的态度就不一样。而如果从掌握了多少数学知识的角度来看学生，就会只见森林不见树木。

芹泽：刚才我曾说起反对发型方面校规的运动。结果那条校规被取消了。之后我们向教员了解情况。他们开始说没什么变化。我们追问真的仅此而已吗？老师们说这条校规被取消后，看到了学生的表情。之前只是注意到学生们的发型、裙子的长度，也就是只看头和脚而并没有注意脸。这非常有意思。

河合：说得太好了。

芹泽：还有，校规改变不久之后，男女学生之间变得友好多了。之前男孩子全体平头，等头发慢慢留长后也看出了孩子们之间不同的个性及性别特征。结果使男女学生之间的距离拉近了一步。这是我们发起反对发型方面校规运动的积极作用之一。看着自己家门前少男少女相约一起上学的新气象时我想到，这个从表面上看仅仅是发型的问题，其实却有决定性作用。所以，当教员的注意力集中在头发长了几厘米时，他们实际上却看不到一个个不同的孩子。

河合：这种做法就是不重视个人的教育。对教师来说，一把抓的教育方式要省心得多。

芹泽：神户高塚高中的校门压死女学生的事件也很类似。他们眼里根本就没有孩子。

河合：他们眼里真是根本就没有孩子。刚才提到的只看头发不看表情的说法很有象征性，看校门的人则是只看校门不看人。

大川：对第一线的教师来说，即使仍在同一种制度中，意识的改变也能使他们开始注意每个学生的个性。正如芹泽先生所说,改变校规运动的结果,使我们确信这样的努力能给我们带来意识上的变化。

长大成人的难处

大川:芹泽先生曾写过《当不再无知时》一文,收录于角川书店出版的《现代文》教科书中。英文 Innocence 的原意为无知,幼稚,无垢。他认为当孩子的无知解体后便成为大人。自己没有责任则处于无知状态。为什么这么说呢?依照芹泽先生的想法,人的出生是绝对被动的,由父母所给予的生命、性别充满偶然性。自己有责任对此进行再一次确认和选择。这就是所谓的大人。在孩子成长为大人的过程中,会出现一系列问题,如家庭内的暴力、拒绝上学、学校霸凌、性行为不端等。这些也可以被称为青春期症候群的表现。

芹泽先生认为,长大成人的过程是对自己的身体、性别及父母一一肯定的过程。从广义上说,这也算是过渡仪式吧。请问河合先生如何看这个问题?

河合:我写过《长大成人的难处》(岩波书店出版)一书。一开始着手写这本书就出现很多难题,我也饱尝了写《长大成人的难处》一书的艰难(笑)。现在长大成人是一件很难的事情。在从前有过渡礼仪的时代,这个过程是很简单明了的。通过过渡礼仪,孩子会接受一个所谓孩子阶段死亡的体验,与此同时脱胎换骨成为大人。这个礼仪过程可以非常明确地表明,这个人已经通过孩子阶段的死再生为大人了。可是,过渡礼仪只有在神所创造的具有绝对性的社会才起作用。而在我们这个不断进步的社会,孩子成为大人并不是那么简单的一件事。现在的孩子不知道自己什么时候成为大人,包括我们小时候也一样。如我们刚才所说,相比之下,过去是整个集体瞬间共同转变为大人的。

以前的做法看上去荒唐,实际上许多是很有道理的。比如如何化解暴力,如何介入性的问题,如何才能顺利地成为大人。在我们追求自由的过程中,之前的那些做法渐渐被打破了。现在只好每个人根据不同年龄,各自体验过渡礼仪了。成为大人不是一件简单的事情,存在着一些人从某些方面看已经是大人了,却还留有孩子成分的情况。因为身上还留有孩子成分,这些大人看上去会很滑稽。一些人会在大人、孩子之间反复变化,所以过渡礼仪并不可能一次到位,长大了也仍会变化。我们必须考虑到这些情况。这样会比较容易理解。

这里有些部分必须按顺序进行,其中芹泽先生所提出的,人在"无知"的方面变化也很重要。对日本人来说,难度在于责任常是由大家共同来承担的。几乎从来没有过个人要负责的想法。

芹泽:尽管如此,实际上发生了什么的话,说是大家的责任却常常一下子推到一个人身上。

河合：日本难就难在既有上边这种情况，也有全体负责的情况。根据具体情况有很大不同。从心理上看大家都有责任。而法律来自国外，所以一旦追究法律责任，立即变成一个人的责任了。日本就是处在这么一种艰难之中。

芹泽：最近我常常有一种想法，就是无论多小的地方，多小的事情，如果这个人接受了这个世界，即便还是个孩子，我们也会觉得他是大人。相反，即使是四五十岁像我这样年纪的人，这方面不成熟的也有。所以这样的人很难被称为大人。

从这个方面出发，说无知也好，被动也好，只要一个人还以被动的态度看世界，就不可能产生接受这个世界的想法。可如果能从这里迈出一步，就可以征服世界。我注意到了这里从被动到主动的变换构造，很想搞清楚其中发生的情况，所以才写了那篇文章。

罗洛·梅所著《权力与无知》（*Power and Innocence*）（诚信书房）一书在 70 年代末翻译成日语出版。当时刚好整个社会在集中讨论家庭内暴力问题，自己在思考究竟如何认识这个问题时，发现了罗洛·梅的这部书。罗洛·梅在书中是用"软弱"来说明"无知"的。

河合：非常有意思。

芹泽：那么这种软弱又从何而来呢？人们深知软弱会招来暴力。有一段描写说，一个年轻女性在没意识到自己的软弱时，在许多野兽般的男人中间通过时并未遭到袭击。

可当她意识到自己身为女性比较软弱那一瞬间便遭到了袭击。所以，原来关键在于软弱这一点。软弱既可以带来暴力也可以瓦解暴力。没人会袭击一个婴儿的。对无知的两面性，人们已经有了充分的认识。然而，这种软弱究竟从何而来呢？罗洛·梅并没有讨论这个问题。

这部分只有自己解决。人的共同之处是所有人都诞生于母胎。基于这个特点，每个人都要经历无知，或者说谁都有过创伤。我认为通过"无知"（innocence）这一思路，加上用"软弱"去解释的方法，应该可以彻底理解人存在的原始被动性的问题。

如果真是这样的话，一个人理所当然地会处于那种对世界无责任，也就是无知的状态。相反，自己会觉得自己是这家的孩子真好，有这样的父母亲真好，和这样的兄弟姐妹在一起真开心，自己喜欢自己的身体、自己的性别（男或女），自己不愿意成为另外一种样子，这种想法才是不可思议的。孩子怎么会变得连自己的由来都如此肯定，能完全接受呢？我非常想搞清楚的是，这个被动的自己是在哪里发生了变化，从而变成积极主动的自己的呢？这个转变的构造又是如何产生的呢？

河合：刚才听你说的时候我在想，对孩子默默守护就是培养孩子责任感最好的方法。一个人只有明白孩子有责任，才能做到默默守护。如果觉得自己负有所有的责任则会对孩子管头管脚。有些教师就是这样，自己会随便把责任揽到自己身上。如果能想到孩子有责任,能做到安静守护,那么在默默守护的过程中,孩子就有机会体验到什么是责任,从而得到成长。这种体验越少便越难从无知的状态中走出来。结果孩子一直认为有谁会帮自己做这件事,最后没人帮便会觉得别人有问题了。

芹泽:我觉得您说得很在理。"默默守护"是一个具有实践性的表述。孩子们自然会表现出无知,他们会从各方面表现出自己不能接受这个世界。若无包容和动力,他们无法走出无知状态。

而表现出无知及在接受世界后走出无知的过程,有时是一瞬间的事情,有时则需要很长时间。常常当你注意到变化时,已经时过境迁了。比如一个很小的小孩叫嚷着要一个什么东西,匍匐在地。但不知不觉地这孩子不再在地上爬了。这是因为,这个做法不知什么时候被孩子自己否定了。这种否定有时需要很长时间,有时只花很短的时间。孩子是软弱的。当孩子表现出不能接受这个世界时,大人要恰好能助其一臂之力。这就是默默守护吧。

河合:对啊。默默地看着他们的话,他们自己会找到办法的。我们只需要在旁边说,看,你能行的。这一点很重要。

芹泽:遗憾的是现在我们能默默守护的时间越来越短了。

河合:真的太短了。从前父母想帮孩子却帮不上,现在的人既有钱又有时间,帮孩子解决困难是一件不费吹灰之力的事。从前的父母靠帮孩子做点事表现他们的关怀,现在的父母得通过有所不作为,来表现他们对孩子的关怀。这是一个很难的时代。

我们换一个话题。通过无知的解体,孩子变成大人后,还会出现第二次无知。

芹泽:这一点很重要。

河合:这个问题涉及如何死的问题。与其说这是高中生的课题还不如说是老年人必须考虑的问题。问题是现在人们太有钱了。

芹泽:我有一次在演讲时谈这个话题,演讲结束后一位中年太太走过来说"我自己家是有老年人的,您提到的无知的几个特点全能在他们身上找到"。跟我说这个话的并不止一人,这让我有了"原来如此"的感叹。

河合:我觉得无知应该包含一定的积极意义。

大川:河合先生是否认为中年是分界线呢?

河合:对。

芹泽:现在如何变老是一个很难的问题。

河合:如果以无知这个问题为出发点讨论,它在人的一生中的含义应该是不断变化的。如果我们对人生后半期也能进行这样的讨论则会很有意思。

大川:芹泽先生《当不再无知时》一文的关键的问题,说到底是一个人的自我责任感的问题吧。

大人们常识中的盲点

大川：河合先生所提到的日本父性，这一与基督教社会不同的、以母性为主的日本社会里的父性，非常缺乏个性。河合先生认为日本社会中集团性比较强，我们应该如何把握个人与集团的比例结构呢？在任何地方都能发表同样意见的日本人几乎不存在。先生如何解释这个难题呢？

河合：我对西方人这方面的情况不是很清楚，他们应该会有一个合理的比例结构。个人与集团始终是同时存在的。这里并不存在哪一方更正确的问题，而是哪种场合应该依存哪一方的问题。我通常是两者兼顾，根据情况不同站在个人或集团的立场上考虑问题，并不偏重一方。可在日本则应该大大加强对个性的重视。

大川：从许多高中生的情况来看，最近的高中生对我们这个母性社会中强势的母性存在，表示出了厌倦情绪。

河合：这是因为高中生们意识到了来自母性的消极因素。他们想争取逃离这种强势，但能供大家模仿的成功逃离的例子却实在太少。父性强的人几乎不存在。但到高中生这样的年龄，由于自身内部发生了许多变化，他们自己应该能够摸索出很多出路。要等父母亲这边发生变化不太可能（笑）。

芹泽：最近，我跟拒绝上学的学生家长组织有些交流。从他们那儿听说与从前相比，最近情况有所变化。比如，之前来开会的家长是由于自己的儿子或女儿拒绝上学后,自己不知如何是好才来的。当时如果大家说"那还不好办,是你十月怀胎生下的亲骨肉,你再怎么做也还是你的孩子",家长只要听了类似的话就觉得释然,会重新振作起来。

可现在不同了。一些年轻的母亲对这些话不以为然,也不觉得有帮助。

河合:对,对。她们会说,事到如今这些话已经没有什么意义了。

芹泽:也就是说,她们需要一些说法和道理。什么道理呢,其实她们需要的是一种父性。仔细琢磨一下,语言、说法属于父性的存在。当然大男子主义式的僵硬说法另当别论。无论如何我们可以感觉到人们需要一种说法。而实际上,对"说法"的需求,表现出了对父性的需求。

河合:是这样。

大川:河合先生的特点在于寡言,惜"言"如金,他似乎更追求在双方默契、和谐的气氛中解决问题。相比较而言,评论家芹泽先生则完全得通过语言来解决问题。对第一线的教师来说,在家庭教育和学校教育上,这两种方法应该都需要。那么,如何才能成功地兼顾使用这两种方法呢?

河合:我觉得两方面都需要。一条腿走路不行。唯一要避免的是用那种脱离现实生活的语言。这种语言如果单用于传达知识会丧失力量,而真正的语言实际上是非常有力的。就像"太初有道"①那样的说法,确实铿锵有力。

芹泽:成功地使用语言真不容易。发言的时候,最好的效果是能给听众留下独具匠心、别有一番滋味的感觉,并且这些话不带权力、权威色彩。如果自己的发言做不到这一点,只让人觉得内容还不错的话,那么我会觉得演讲失败了。我常常考虑,怎样才能使发言独具一格而又不带权威感。可以想象一下,在反反复复用语言解说的过程中,如果这个过程能成功地削减语言本身所具有的压力,能出现演讲者自己的化身直接坐在听众身旁的效果就理想了。这样,语言就已经真正直接变成了一种实际存在,能像一个"守护者"似的守护你的听众。

河合:虽说如此,话是绝对要说的。我其实常被人误解,我并不是说不需要说话,对话是绝对需要的。虽说绝对需要,但我们期待的某些话的出现非常难。虽然有一个沉默的阶段,但你所期待的话恰恰由此产生。所以,最令人兴奋的是,这个话并不是从我这里说出来,而是从对方口中说出来。比如从孩子口中说出来,或者是从母亲口中说出来,总之,是从对方口中说出来的。

芹泽:那一定是对方之前从来没说过的话吧?

河合:或者是一句理所当然的话。比如说"先生,说到

---

① 原文为 In the beginning was the Word,来自《圣经·约翰福音》第一章。——译者注

底,女人就是女人啊"之类的(笑)。然后会非常感慨地说,原来如此,其实这个道理以前是知道的(笑)。虽然这个人当时只是做了这样的表达,但关键在于这是有感而发的话。

孩子也一样。我曾反复说过下边这个例子。有一次来了个孩子,我们一起玩了几次。孩子刚来时被视作一个坏孩子。在我们一起玩的过程中,孩子内心的一些东西得到释放后,情况大有好转。当时我也很期待孩子进一步好转,结果情况确实越来越好。当我想他还需要再继续来几次时,孩子的母亲说"孩子已经完全好了,我们差不多可以结束了吧"。然后到了最后一天,我说"今天就是我们最后一天了,高高兴兴地大声说再见吧",而孩子却摇了摇头。我高兴地想,啊,这孩子好像还想继续来呢,就问孩子"你看怎么好呢",结果孩子说:"咱们小声说再见吧。"

后来我也说,告别的时候为什么要高高兴兴地大声说呢? 这也许是根据大人的常识决定的吧。他们以为告别时非得高高兴兴地才行,其实告别的时候,原本应该是依依不舍小声说再见的吧。这一点孩子比我们要自然多了。

大川:真好,有点电影最后一幕的感觉。

河合:听到这儿,会场一下子都安静了下来。大家都被感动了。孩子们真伟大,孩子们超过了我们的想象。

核心家庭中的孩子

河合:我们换个话题。现在不像过去大家庭时代,生活中随时随地可以学得到东西。于是,有些人会因为一些很普通的烦恼来咨询。不过,对这种类型的当事人,只要简单交谈,对方便立刻大有所悟,意识到问题所在。

芹泽: 这有点像一种淡淡的饥饿感。

河合: 他们会感觉不知所措,实在令人同情。

大川: 以前每家都有几个孩子,一般,孩子们没有自己的房间,会跟哥哥姐姐们住在一起。如果说到今天在学校里碰到了什么怪事,兄弟姐妹们会说"岂有此理,怎么有这样的事呢",事情就过去了。现在,孩子如果是独生子女,会常待在自己的房间,跟母亲都很少交流。结果会把芝麻一点的小事看得很大。这是我的感觉。

河合: 从前不是问题的现在也成了问题。对家长来说,虽然她们会看些书,但结果也只是单方面在看书,所琢磨出的道理也只是单方面的道理。他们会因为看到自己的孩子与书上那些道理不符,便觉得孩子奇怪。另外还有一个常见的问题,人们总以为平均值表现出来的就是正确的。

芹泽: 这其实很可怕。

河合: 以为平均值就好,所以有些家长看到自己的孩子超过了平均值,也会认为孩子出了问题。有人问"先生,从平均值来看,我家孩子这个年龄,现在应该会说双词语句,可孩子却说出三词语句"。我们觉得这种事应该没必要烦恼吧,可有人却真会为这些事情烦恼。

芹泽: 现在这个社会确实让人失望。以前,如果家里没有父亲,有时隔壁的叔叔就像父亲,有时老师就像父亲。

河合:或者周围老年人会出面解决一些问题。现在什么都是父母自己抢过来处理,而他们平时与人交往不多,遇到问题时常常不知道能跟谁谈谈才好。所以他们遇到很简单的问题时,也会找到我们。不过,这类人的工作也非常容易做通。

芹泽:最近比较突出的是母亲虐待孩子的问题。有时虽然不算虐待,但有些母亲的确不懂应该如何对待孩子。

河合:这在目前是个很严重的问题。我认为原因之一,在于今天机械操作十分容易控制,而人们心中的这种感觉太强烈了。好像孩子能被控制,就说明教育抓得顺利似的。现在还讲究怎么抱孩子,怎么喂孩子吃饭,觉得照样做了,就能培养出好孩子。可不管大人的方法如何,孩子的天性就是没规矩。如果从前碰到了这种情况,大人说一句"啊呀,这孩子太随便了",事情也就过去了,可现在只要孩子有一点任性,大人就开始担心是不是自己教育方法有问题。或者会觉得这个孩子太出格了,得惩罚一下。

就像我们刚才说的那样,孩子有孩子的天性。如果我们听到有人说,孩子就是孩子,那就比较放心。从前,如果孩子吃饭时满地乱跑,大人说没事,过一会儿自然会吃。现在不行了,要么觉得自己教育有问题,要么觉得孩子有问题而生气发火。就像跟机器打交道的时候,自己气不打一处来,就给机器一家伙。同样他们对孩子也会给当啷这么一下。

表扬孩子的时机

芹泽：以自己的体会来说，我在抱第一个孩子时，每次抱起来的时候动作极快。对孩子来说，如果大人抱得不好孩子会有所抵抗。这也没什么大碍。在抱孩子的方法上，女性的身体天生有记忆。那么男性应该怎么办呢？

我认为这和刚才说到的"守护"的问题有些关联。男性在抱婴儿的时候可以问婴儿的身体，比如我自己在抱孩子之前和在抱孩子的过程中就是这么做的。

用交流一词说明这个问题比较容易理解。男性也许更懂得如何跟婴儿的身体对话，而女性从前则是依赖于自己身体内本来所继承下来的某种记忆来交流的。可现在这种记忆却在消失。

河合：这种能力确实大大减弱了。从某种意义上说，现在得有意识地做一些努力。以前不做什么特别的努力，一切也能顺利进行。但现在则非下意识地去做某些努力不可。我曾经见过在卫星上围着地球转了两百天的宇航员莱维耶夫（Levelev）。在地球外是一种完全失重状态，如果不经过相当锻炼，回到地球后会丧失肌肉力量，发生站立不起来的情况。在地球外待两百天，回来后想让身体保持普通状态绝非易事。我问：一定非常难吧？他回答说，在上边其实很随意，他会"问自己的身体"，然后根据自己身体的感觉行动。身体说睡觉吧，他就一下子倒下来睡觉。身体说差不多可以做点事了,他就站起来工作。所以在上边生活不像下边想象的那么有规律。他说自己当然会完成所指定的任务,其余的都很随意。自己一直在问自己的身体,差不多一直根据身体发出的信号行动,所以一切就都很顺利。实在很令人佩服。

大川:这真是一种理想的教育方式,不是单单用头脑思考,而是追随自己的心声。

河合:问题是如何把学生培养成能倾听自己心声的人。问题是应该怎么去教育。这个故事更有意思的情节是,当我问到"你回到地球来以后是不是听不到身体的声音了?"他回答说"唉,听不到了,听到的都是夫人的声音",说完后哈哈大笑了起来(笑)。

大川:如果每个年轻人都能听从自己内心的声音,心如所愿地生活,那将会是一种巨大的力量。

河合:这与我们刚才说到的"默默守护"很有关系。他们做得好的时候,应该跟他们说"好,太棒了""干得好!"这一点很重要。只看着他们,什么都不说不行。时而要告诉他们"对,就这样做,记住这个做法"等等。老师在关键时得说自己的看法。当然,如果不观察学生,也就说不出什么。

芹泽:如果课程必须按照整个系统统一规定的教学计划完成,则比较难。

河合:按照教学计划是能做出一些事情来的。通过教学计划教学也无可非议。可如果只在乎教学计划,或者对其过分重视,以致自己的心声却无踪无迹,这就成问题了。

摸索中的孩子们

芹泽：最近在考虑不上学问题时,想清楚了一件事。迄今为止我们的做法是,孩子要通过学校才能走向社会。学校就像一个长长的管道,形成了一个只有通过这个管道才能进入社会的机制。虽然现在仍处于这种机制中,可如果不上学人数这么增加下去,我们就不得不考虑下边这个问题了。

这就是想办法使家庭和社会直接取得交流。也就是说,我们必须想办法,不通过学校这个管道而直接使家庭和社会挂钩。这样做会怎么样呢？孩子面前会暂时出现一种"眼前一抹黑"的情况。我家最小的孩子在高中二年级时辍学,从孩子恢复的过程看,差不多花了半年时间。因为当时暂时面临"眼前一抹黑"的情况,所以孩子必须自己在黑暗中感触、摸索才能迈开第一步。而这时候家长爱莫能助,只能在旁边看着孩子自己去摸索。因为是孩子自己在努力,所以他会兴致勃勃。

与此类似的是,当父母跟不上学的孩子说"不去学校没问题,我们支持你"时,孩子也会表现出一股干劲。当时的情况可以用暂时的"眼前一抹黑"来描述。

这种情况等于在学校这条管道之外,家庭和社会有了直接接触。而在家庭和社会直接接触的同时,会出现"眼前一抹黑"的状况。这客观上给孩子一个机会去发现哪些知识对自己是必须的,从内心切实地体会到学习的必要性。我觉得这个时候,如果学校方面有一种体制能及时给予一些帮助就比较理想。

河合:学校如果能顾及两方面最好。从学校看,"别说眼前这个以后了,连他们十年以后都看得到。比如如果你努力学习就可以进那个学校,然后……"学生们本来打算自己的人生要自己选择呢,结果早就被安排好了。在这样的情况下,学生确实需要与被安排好的情况完全相反的、"眼前一抹黑"这种必须自己去体验、去探索的环境。这两条路都正确,这两种体验都需要。所以,自己探索的这一部分学校也要管。可是,说是为了给孩子提供自己探索的机会,有时学校干脆撒手不管了,这最成问题。完全放羊的也有,这对学生相当不好。

芹泽:孩子在自己探索一番后会回来,然后还会去探索。在这个反复的过程中,我们可以感觉到,孩子与大人渐渐拉开了距离。在这个过程中非常关键的是,大人对孩子是否能持有默默守护、肯定和支持的态度。

河合:孩子在探索的过程中会走近危险区域,我们面临的难题是究竟何时出手相助。

芹泽:伊丽莎白·库伯勒·罗斯认为,大人踩刹车时都是他们在根据自己的情况见机行事的,她认为大人根据情况说"不"很重要。

河合：正是如此。我们也都是活人,到该说不的时候是必须说的。

芹泽：是啊。

大川：能做到这一点才算是好老师。到关键时刻要能说真话,这样对方也会有安心感。

河合：对,这其实也有些不可思议。

芹泽：默默守护和必要时能站出来表态,两方面缺一不可。

尊重孩子的自主性

大川：在这次对话之前最初看到"教育能起什么作用"的论题时,真有些不知所措、不知从何谈起的感觉。谈到这会儿总算有些眉目了(笑)。

如果让今天的高中生说心里话,那么学校并不是一个温暖的地方。一天,有个像是高二的男孩在路上走着,我默默地跟着他走时,他说了一句"路还长着呢"。起初我不清楚这孩子在感叹什么,原来他在以大学毕业为前提计算时间。然后他非常痛苦地说"还有六年时间,但高中是非走完不可的必经之路"。我想难道每天他们就是这么掰着指头过日子的吗? 在现代社会,这也许是大多数高中生最真实的心境。

面对这种教育现状,虽然很难说清楚学校教育究竟能做到哪一步,但今天的讨论让人有所安心的是,我们至少有一个很明确的目标了,那就是家长和教师都能负责地争取做到"默默守护"这一点。我想"默默守护"并不是一种知识或技术,而是全身心地投入进去,鞠躬尽瘁,竭尽全力地努力去做才见效的一件事情。最后,还想请两位分别给大家说几句话。

芹泽:今天真高兴能很尽兴地讨论一些问题,非常感谢。我对学校教育的态度来自对包括领导层在内的,在行使权力方面的危机感。掌权者对事物麻木不仁的态度令人发指,对此忍无可忍的心境,便是自己发表言论的一个较大的动机。那么,学校怎么改变才好呢?我认为应该从基层做起。从基层开始一点一点地改进工作,应该比只在乎上层的革新更重要。希望权力不要变成暴力。我对学校现状变化的期待是,采用自下而上的、从基层的小事一点一点地做起来的方法来改变学校。比如现在学校里体罚仍很多,应该减少体罚,以至其完全消失。要把校规重新制定得宽松一些等等,期待着我们的教育能这样一点一点地好起来。

如果从这些方面着手,我觉得自己还能做一点工作。一直以来,自己为改变学校的现状,以一定的参与方式做了一些事。但如果从广义上谈教育,比如面对"教育能有什么作用"这样的大题目,我的回答则是一开始说到的"教育什么都做不到",自己的教育要自己来负责才行,也就是说自我教育才是一条必经之路。所以这就变成了如何使"教育"系统来支持自我教育的问题,对于这一点,我觉得今天河合先生的话给了我们很多启发。

河合：我认为简单地说,高中教育一定要办得对学生具有魅力。为了学习也好,为了参加课外兴趣小组也好,为了见朋友也好,学生得有一种到学校来就高兴的心情。但如果我们太过于追求这一点也会失败。这种心情应该是发自学生内心的,这样老师工作起来也会感到很有意思。一般来说,如果老师没兴趣则无从谈起,学校对老师的吸引力也同样重要。

大川：今天的讨论就要结束了。最后两位分别谈到了教育改革自下而上的方向性,及其要把学校办成一个生气勃勃、对学生和老师来说有吸引力的地方。让我们把这两点作为今天讨论的结束语。谢谢大家参加今天长时间的讨论。

(《国语科通信》100 号纪念,1997 年 12 月号)

霸凌的深层——与赤坂宪雄[*]对谈

小小课外辅导班里所见的"霸凌"

　　河合：我们在临床教育第一线工作,霸凌对我们来说是一个绕不过去的问题。赤坂先生是一位哲学家,您对这个问题也一定非常有兴趣。我想先请您谈谈对这个问题发生兴趣的起因,以及这个问题在您的研究课题中的意义。

　　赤坂：我从二十大几开始,大概有十年时间曾在课外辅导培训学校当教师。那是一个只有附近孩子参加的每个班只有三四个学生的小型辅导培训学校。

　　河合：大约是什么年龄的孩子?

　　赤坂：多数是小学高年级到初中、高中左右的学生。我当然没有特别挑选过,不过来的都是些在学校受欺负的、拒绝上学的、态度一贯恶劣的孩子。好像去不了大辅导培训班的孩子们都集中到我这儿来了。从现在算大概是七八年以前吧,我比较有机会听得到这些孩子嘟嘟囔囔。

　　我是比较早就开始注意到"霸凌"问题的,差不多是20世纪70年代末期吧。我就是那时候开始注意到,学生中有人用"村八"或"八分"这些词的。我纳闷他们在说什

---

[*]　赤坂宪雄,1953年生于东京。东京大学文学部毕业。东北艺术工科大学东北文化研究所所长。著有《异人论序说》《排除的现象学》《东北学》等。

么,再仔细听,他们说的是"村八分"①。这就是我遇到的这些根本不可能懂"村八分"含义的孩子,却口口声声"八分""村八分"地欺负谩骂同学的最初一幕。所以应该说,因为觉得学生的这个说法奇怪,我才开始注意到了学生中的霸凌问题。

当时我觉得很奇怪的是,被欺负对象不断地变化这一点。在我非常惊讶时,正好有人受欺负了,所以我就去问当时七八个人的一个小组里最聪明,运动方面又好,又关心他人的少年。我问了一句"怎么回事?"就这么一句话,欺负人的动作竟忽然消失了。我想这应该是我问了以后的结果。

河合：应该是这样的。

赤坂：那时候没什么经验,以为说一句"别那么卑鄙地欺负别人"就能制止这种事。那次的事突然消失后不久,接下来那个爱关照别人的孩子就开始受欺负了。他变得非常忧郁,我当时对此事感觉非常不可思议。

也就是说,团体里蛮有威信的这个小头头,按常规不会受欺负的少年却也在被欺负。这到底是怎么回事? 从感觉到事情的奇怪,到发现了今天的霸凌跟我们小时候的被欺负不同。这样,我便开始注意霸凌问题了。

---

① "村八分"是日本江户时代后期,村落中实行的一种民间惯例,是在一个村子里,全村对不遵守村规的人家绝交的制裁行为。有"废除""排斥""被大家排挤在外"的意思。——译者注

河合：因为你在校外辅导培训班工作，所以能看到霸凌的情况，这一点我很理解。另外，有些人并没有认识到，现在的霸凌与过去的欺负人并不是一回事。这样的人会说，欺负人的事，不是早就司空见惯了吗，有什么大惊小怪的。他们认为霸凌是一句话就能控制的事情。这样去看问题和处理问题，直接造成了霸凌问题日益增多的局面。而且，连以前不可能受欺负的人，现在也成了被霸凌的对象。

赤坂：而且，霸凌的概念和性质也发生了相当的变化。比如说以前还没上学的孩子，只要三四个人在一起，也必然会出现欺负人的事情。但常见的欺负人的情景是，比较强壮的孩子为了实现自己的愿望，去攻击软弱的孩子。从某种意义上来说，一个强壮的孩子对付几个软弱孩子的情景居多。可今天的霸凌现象则不然，被欺负的对象往往是一个人，欺负人的却占多数，有时甚至为整个团体。这种情况与"故意冷落别人"及"村八分"的说法相关联。当我们能从表面上清楚地看出这些特点时，就知道这种霸凌的性质与之前相比，已经完全不同了。

河合：如果只是弱肉强食的问题就比较容易明白，可今天的霸凌并不是这种情况。现在出现了更严重的问题。霸凌方式也有了很明显的变化。对赤坂先生来说，您已经认识到了这些变化，并从这方面进一步探索和理解人性问题。

然而，家长和教师其实很难看到霸凌，对此怎么才能说清楚呢？当然孩子们偷偷摸摸地欺负人也是事实，大人真的看不见。正如一开始您曾提到,课外辅导老师与学生们在一般交往中可以看到一些,可当你想去干涉一下时,霸凌会立即消失。之前他们也许会把辅导老师当成朋友,你若想引导一下,他们会马上意识到"那家伙是大人",对不对?

赤坂:对。所以我只管了一次即以失败告终了。之后,便采取不直接干预而进行观察的态度。这样,孩子们就会小声说一些欺负人和被人欺负的事。

比如,有一次,听到两个像是初中三年级的女学生在说一件事。原来是说班上有个不顺眼的学生,遭到了很厉害的欺负,现在不来上学了,结果住进了精神病院。作为肇事者的这两个女学生竟然说,"她现在住院了,那咱们今天晚上拿一把花追到医院去看她"。我从这里看到了非常残酷的一幕。

还有,一个像是小学六年级的学生,被人起外号叫沙袋,受严重欺负,遭拳打脚踢。他来跟我说这件事,却不说自己被欺负了。他说"老师,我班上有一个孩子被人起了'沙袋'的外号,遭到了欺负",反反复复说了好多次。我后来才发现他说的原来是他自己。

他这样反复跟我说这件事,其实并不是期待我出面帮助解决问题,而只是为了找到一点安慰。那时候我一直比较注意听这些情况。不过后来自己工作过忙,就顾不上了,孩子们也不再来跟我说了,以至于后来完全听不到了。之后,我虽然辞去了校外辅导培训教师的工作,当时的事还是给我留下了极为宝贵的体验。这些体验让我有机会,从一个辅导培训班教师的角度对霸凌有了一些观察。

从受尊敬到被排除的转校生

赤坂:从 70 年代开始到 80 年代,我碰巧在做有关异人(stranger)方面的研究。当时对我来说最大的课题是,从一个团体里被排除出来的人是怎样的一种存在,有什么属性,起什么作用这些问题。我将霸凌问题的研究看成异人论延长线上的研究。

河合:请您就异人论的研究向大家作一些说明。

赤坂:传统上对异人有"流浪及定居双重性格"的定义。也就是说,假设一个团体具有自己的秩序,就有可能存在与这个团体格格不入的人。或当一个与这个团体持有不同行为准则的"来访者"来访时,则会产生各种摩擦。我是从异人论的观点出发,来讨论这些现象的。

霸凌问题在表面上是欺负与被欺负对峙的情景,实际上这并非仅仅是孩子们之间小规模的摩擦。它象征性地表现了一个团体或一种秩序所处的状况。从某种意义上说,霸凌问题是由种种猜测和偏见引起的。我在自己的研究里曾把异人分成若干类。在这些类比中,我总感觉霸凌问题似乎与边缘人(marginal man)相关。

河合:说到异人,与霸凌恰恰相反。如在民间传说中经常见到"稀客"来访的故事,比如弘法大师来访那样的故事。

这类故事多具有正面意义。但今天的霸凌却只有负面作用。常常是整个团体一同开足马力去排除这个存在。

然而,这里有一点非常重要,就是虽然受欺负的孩子被视为异人,但他们其实并非异人,而原本是团体中的一员。所以,他们受欺负的原因并非在于新来乍到,而是本来属于这个团体中的人突然遭到了欺负。

赤坂:我觉得这一点确实很重要。我们观察民间故事里通过"外来客"所表现的信仰就可以发现,他们看上去像乞丐一样肮脏,实际上同时具有弘法大师那样神圣性的双重性格。所以,其中存在着一种相互矛盾的构造原理。比如不招待乞丐就要遭报应,畏惧和敬仰往往兼而有之重叠在一起出现。可在现代,至少在霸凌现象中并非如此。

我对转校生问题很有兴趣,不知在这里是否能成为一个说明问题的例子。

河合:从某种意义上说转校生是异人。

赤坂:在少年少女漫画中,转校生担当着很重要的角色。比较多的时候,转校生在漫画故事的世界里会起着拯救团体,或是引领这个团体走向某个新方向那样的积极作用。所以,他们经常会成为故事的主角。比如《明日之丈》(或译作《小拳王》)的少年主人公,很显然是个突然从外地流浪而来的孩子。后来,因为干了坏事被送进少年犯管教所。在少年犯管教所里,他接触到了拳击,最后登上了世界拳坛顶峰。虽然他的出身、来历被写得比较暧昧,可在当今枯燥的学校环境里,类似这种乌鸦变凤凰的事情已经很少见了。

在我们的少年时代,转校生还会像《风之又三郎》里所描写的那样,带有很强的异国情调,大家会围过去问东问西,互送礼物,然后互相渐渐熟悉起来。那时候转校生有着不可思议的魅力,但在我的记忆中,他们同时也会被欺负。

河合:正如你刚才说的,他们具有两重性。

赤坂:可是,现在的转校生很难像从前那样,顺利地被团体接受。

河合:的确很难。转校生多数要遭到欺负。特别是海外归国人员的子女,会受到特别恶劣的欺负。其中也有人顺利融入新团体,并受大家喜爱,但为数极少。

比如,从海外回来的孩子当然能说一口地道的英语,这样老师就不开心,因为老师说的是日本式的英语。孩子漂亮的英语一出口,就让老师气不打一处来。我说的是一件真实发生的事情。老师对孩子说"我们这儿是教日本英语的地方"(笑),结果这孩子彻底变成了被霸凌的对象。

也就是说,老师的一句话就使一边形成一个日式英语集团,而归国人员子女这边则被大家嘲笑,被起上"怪日本人"的外号。如果换一种方式,比如老师说"你的发音真好,大家应该模仿这位同学的发音"的话,情况就会完全不同。

赤坂:我在自己的"异人论"研究里,把异人分为六种类型。第一种是在集团边缘擦边而过的流浪人,第二种是从其他集团过来的来访者,第三种是暂时的逗留者,第四种是被排挤到集团边缘地区的边缘人,第五种是回乡者,第六种是蛮人,这类人被视为野蛮人,常遭到非常严重的歧视。

我认为回乡者是个很重要的问题。就现在海外归国人员子女问题来说,具有双语能力及多种语言能力,这成为他们受欺负的主要原因。

河合：一不小心打破这些分类,就有可能把所有的人都一起并入蛮人一类。不做选择分类,而一股脑地认为"那个做法奇怪""这家伙不行",来势汹汹。这是一个非同小可的问题。

均一化与寻求差异

河合：刚才说起可以把异人分为几类,如果人们心中对周围的人有类似的区分观念,那么即使是比较怪异的、滑稽的或较软弱的孩子,也会得到相应的评价和认可。现在人们心里的这种区分却正在消失,这是霸凌方面的一大问题。

赤坂：您认为这种区分真的消失了吗?

河合：是的。在我看来,我们对"好孩子"的定义太单一了。如果可以有各种各样的好孩子,那么也就可以允许有各种类型的"坏孩子"。现在的一个很大的问题是,大家明确认为只要会学习,成绩好就是好孩子。这样,就很难接受其他的一些很有意思的各种类型的孩子。

赤坂：我隐约感觉到,均一化的观点对不同存在非常缺乏宽容性。从某种意义来说,现在的学校是一个受到高度均一化管理的团体,完全失去了与不同存在交流的场所和渠道。同学之间即使是微小的区别,也能被视作天壤之别。我感觉正是这个原因,才会出现那种把一些本来只有微小区别的人,硬变成了整个团体不能容忍的蛮人的情况。

河合:由于均一化是强迫形成的,所以每个人都会承受巨大压力。本来每个人应该是不同的,可是全被压制成同等均一的了。因此,每个人的心里都有一些怨气。这时候,如果团体内冒出一个令人讨厌的人,则会千夫所指。

赤坂:是啊,周围会出现不可想象的巨大敌意。比如,如果大家没在看同一部电视剧,聊天就持续不下去那种情况。为什么大家得绝对一致呢,被迫感实在太强烈了。

河合:大家做着同样的事情,心里却一直都有一些不满和无奈。憋屈在内的那股气要发出来时,就得有一个人承受下来。刚才提到了异人的分类,如果大家能认识到人本来是千姿百态的,哪怕只是父母和教师认识到人多样化的美,也会有很大帮助。这方面太欠缺了。现在说到好孩子,清清楚楚的只有一种模式而已。

赤坂:恶果是即使是教科书般的好孩子,有时也会突然一变,而成为被欺负的对象。

河合:成绩太好也会引起别人不满。本来完全不会成为被欺负对象的孩子,也会由于一些偶然因素发生逆转。

赤坂:物极必反,过犹不及。

河合：比如，模仿好学生说话腔调那样的调侃行为。

赤坂：当隔着一定距离观察孩子们时，我们可以发现，一个集体中太孤僻的孩子会受欺负，太阳光的孩子，过于引人注目了也会受欺负。孩子们得一边细心环顾周围，一边不断调整其间的平衡，尽最大的努力，把自己与别人之间的偏差值调节在五十上下。现在的孩子们都这么磨炼着自己的处事方法。如果对这些能看开一些，勇敢面对，自己就会轻松很多。

河合：我认为刚才提到的这些，实际上是现代霸凌问题的本质。当这些现象的底流部分与青春期问题重叠时，便会引起强烈震动。

教师的真实想法与媒体的禁忌

赤坂：这里有一个问题，到底是欺负人的孩子不好，还是受欺负的孩子不好？比如说媒体一般原则上主张欺负人的孩子不好。可在与第一线老师交谈时，他们会突然漏出一些真心话。那就是，被欺负的孩子有时确实有被欺负的原因存在。这是第一线老师们内心深处的声音。我想请问一下，您如何看这个问题。

河合：这也是一个重要问题。与此相关的还有一点，即使是家里人向学校反映情况，提出意见，学校也不会考虑接受。老师心里虽然觉得被欺负的学生也不好，但不能有所表现。一般情况下只是敷衍一下，告诉家长"我再听听情况吧",然后就这么不了了之了。

如果没有任何原因也不太会受欺负。受到欺负了,被欺负的这方可能确实有点什么,但并不一定是消极因素。

还有一个问题是,如果你属于被欺负的学生,想走出被欺负的行列就非常难。如有人说"这家伙经常偷懒",然后开始遭到欺负。可有一天,这个学生决心要努力了,变得热心起来。这时候别人又说"这个懒虫怎么会突然变得这么热心了?"结果又遭到欺负。所以这个学生无论怎么表现都要受欺负。

换句话说,对这个学生而言,一旦进入了受欺负者的行列,从老师的角度看,他(她)就是一个"不对劲的学生",所以要改变处境非常难。可见这不是欺负人这边的学生坏,受欺负那边的学生不坏这样的问题。在这里讨论坏不坏本身就有问题。

赤坂:我也有这种感觉。

河合:接着,一种禁忌便出现了,那就是在报纸上绝对不允许指责和批评被欺负这一边的学生。这种现象也不自然。

我曾跟美国人聊起霸凌问题。比如说,受欺凌后出现了自杀,美国人一般认为自杀的孩子有问题,因为自杀行为触犯了基督教的禁忌。但在日本,舆论绝对不会指责一个自杀的孩子,对不对? 而且在美国,因为人们对自杀行为有消极看法,所以报刊上的舆论倾向也与日本大相径庭。

报刊舆论也对孩子产生影响。所以假设报纸站在自杀孩子一边，较差的写法是把他们捧为英雄。这样，自杀的孩子就会增加。这也是一个很棘手的问题。

赤坂：我也极有同感。我们这里的气氛，与美国对待自杀孩子的舆论气氛正相反。充满呐喊声的遗书，给离去的孩子抹上了一层英雄色彩。然后会接二连三地出现更多自杀的孩子。虽然表面上很难察觉，其实与媒体关系很大。

河合：现在媒体可能有所反省了，从报道上看没从前那么耸人听闻了。不管怎么说，那是新闻报道在写法上的一个大问题。

赤坂：有些事说来令人心痛。比如一个孩子自杀前留下遗书，其中写到某某小朋友欺负了自己。于是，这起自杀案被判断为因霸凌所致。可我通过自己青春期的痛苦体验认为，一般自杀的原因是犬牙交错的，不会由某一个简单的理由所致。自己也曾身临非常接近死亡线的境地。我很清楚，实际上这个时候，父母及老师对自己的难处都无能为力。当时有一种与日常生活完全不相干的、青春期特有的、不能自已的、奔向死亡线的那种恐惧感和危险。处理一个自杀事件，在并没有触及这些深层问题之前，便下结论认定是霸凌造成了自杀，并不妥当。

河合：差不多十年以前，报纸上曾报道过一起自杀事件。报道说孩子曾被母亲指责，也曾被老师指责，并直接提出随意指责有可能会导致孩子死亡。我对一位新闻记者说,你们总想立即写出事发缘由。若想找到真正的原因,必须进行彻底调查。之后,他们果然在另一个孩子死亡后作了全力调查。结论是"原因不明"。这很自然,虽然作了调查,但不可能三言两语说清一个人为何选择死这样的问题。正如刚才您所谈到的,仅仅因为遗书上写到了,人们就认为那是出事的唯一理由。这种仅仅通过遗书的个别字句来判断出事原因的方法,很成问题。

对与死亡相关的事件发表评论时,我们需要特别慎重。所以对这类事件,报社来采访,要求发表评论时,我一概拒绝。因为我们绝对不知道真正的理由。正像刚才赤坂先生您说的那样,因为遗书里有某些说法,就认为这是唯一的原因,便把所有的注意力集中在遗书上。这个方法不可取。

不讨巧地在媒体发表类似言论,会立即被质问"你这话的意思是赞成霸凌吗?"这也很麻烦。当然,霸凌也许是造成死亡的要因之一,可这往往不是一两句话可以断言的。

赤坂:并不是想躲避批判,但我很想就一线教师所言及的,受欺负的学生也有问题,而这些问题也许正是霸凌的原因所在这一观点,谈谈自己的看法。我认为,有时候可能确实会有类似情况。然而,虽然有人说有的孩子比较内向,有的缺乏协调性,有的英语发音太地道,就被欺负了,可我认为在这些情况下,原因和结果完全挂不上号。我们仔细观察现实中的霸凌便可发现,现实中完全不存在由于某些原因而理所当然受欺负那种事。

　　每个人都持有一些与别人不同之处，这些不同有时被认为具有负面性。可仅仅因为这些区别偶然被认为有负面性，就被自己的团体排除在外或受到欺凌则不太可能。所以对一线教师说到的，受欺负的孩子方面或许存在问题这一点，还需要仔细探讨。

　　真的有这样那样的理由可以理所当然地被欺负吗？我觉得不应该发生这样的事情。这是一个需要澄清的问题。

　　河合：究竟是什么具体原因被欺负这一点并不关键，我们要重视的是，出现霸凌现象的必然性背后，所存在的巨大社会问题。比如说，原本能说一口地道英语的孩子，下决心改口说日本式英语，难道这样就解决问题了吗？这解决不了问题。即使这个孩子不受欺负了，也还会有其他孩子被找出来欺负。这是因为社会上存在着一种不断寻找着霸凌对象的机制。

　　赤坂：现在的孩子，在各种各样的场合都会努力想办法掩饰自己与别人的不同。比如，自己明明会说地道的英语，却假装不会说而拼命模仿日本式英语。为了避免别人的反感，即使比别人优秀，也要巧妙地把自己包装起来。这种努力徒劳无益，这样下去的话，就只剩下芸芸众生了。

美国的霸凌与日本的霸凌

　　河合：也许现在的霸凌可以说是日本文化的特征。可霸凌并不仅是日本的问题。如果只是日本的问题就比较容易理解。说霸凌是日本的文化现象很容易，可问题是其他国家也有这种现象。

赤坂：欧美的霸凌与日本的有什么不同？或者是相同的吗？

河合：如果仔细研究，一定有许多不同。可到现在还没读到过这方面的论文。深入研究这个问题并不容易。

海外人士与日本人有时一起讨论霸凌问题。但在这种场合，讨论的中心问题很容易变成霸凌不好应该马上制止等等。而我们应该深入讨论的是，各种文化中的霸凌特点究竟有何不同的问题。迄今为止这种讨论尚未得以展开。

日本与美国相比，美国的霸凌依旧是强大能干的孩子欺负弱小、能力较差的，这与今天日本的芸芸之众抱团大相径庭。

最近我发现一个问题很有意思，我们知道日本人倾向于做出与别人类似的行为。而有着很强的个人主义、自由主义意识的美国人的行为，却也不一定各行其是，他们在这一点上与日本人有类似之处。近来美国儿童文学里出现了一些有意思的作品。话说最近初中生爱穿破裤子，结果一时间学生们都穿起破裤子。如果有谁不一样也会遭到欺负。

虽然美国人精神方面的深层结构与日本人不同，可美国人也强调行动一致，如果有人出格就会遭到欺负。我一直在考虑如何解释日美在这方面的异同。

我认为，对日本人来说，因为与众不同要受欺负，所以人们最在乎自己是否与众不同，因此大家能做到行为一致。而美国人认为，每一件事都有一个正确的做法，人人应该按照正确的去做，而且认为正确的方法只有一个。结果是大家都按唯一正确的去做。比如说，在吸烟不好这个问题上，人们一旦认为吸烟不好，这就成了一个原则。而日本人则是因为看到吸烟的人少了，自己也决定不吸烟了，而不是取决于原则。

先制定一个原则，然后有人违反就受惩罚。这样的事，听上去就知道八成是在美国发生的。所以，虽说美国与日本有类似之处，但实际并不一样。

赤坂：在日本霸凌方面有"村八分"或"八分"的说法，美国大概没有"村八分"的概念吧？

河合：在美国应该表现得更直接，不管拳打还是脚踢，一出手就会很厉害。但不会有"村八分"的感觉。

赤坂：我也这么猜想。

河合：欧美之所以与日本同样存在严重的霸凌问题，其中很大的一个原因在于当代处于管理社会，父母对孩子的管理方式也比从前更严格了。孩子们始终感到压力很大，这股压力需要释放出去。而霸凌则能最简单地将压力释放出去。然而，美国的霸凌和日本的霸凌的表现方式相当不同。这是我们今后的研究课题。

"根绝霸凌论"的危害

赤坂：为什么一谈到霸凌就立即被百分之一百地否定呢？

河合：因为最近霸凌的程度越来越严重，在出现自杀情况后便很快形成了这种局面。我们知道，霸凌其实从远古就有。任何一个文化从开始就存在霸凌。然而，正如我们刚才所谈及，最近霸凌变成多数人对一个人，已经到了危及生命的险恶程度。我们不清楚是否有"适度的霸凌"，但我们确信有人，就会有一定程度的霸凌。

赤坂：我很想区分究竟怎样的行为算是霸凌这个问题。具体地说，当处于一种过分强烈地谴责霸凌的气氛中时，即使在查找霸凌原因的人，也会被指责为霸凌而受到压制。

河合：霸凌是从指着别人的鼻子说"你这种做法就是霸凌"那一刻开始的。

赤坂：是啊，这样被压抑之后就更憋屈了。结果阴险的暴力可能会从更隐蔽之处喷发出来。

比如在批判霸凌的大人的社会本身，霸凌却无处不在。企业也跟村落一样，标新立异的人会受挤压，以至于被撵出团体。类似例子举不胜举。

自己的孩子受欺负或欺负别人孩子的这些母亲们的社会，是个充满霸凌的社会。下边是我间接了解到的一些事情。一位现在三十多岁，曾亲身体验过霸凌的母亲说，在霸凌的过程中,明显有属于胜、败的两群母亲。欺人得逞的这群母亲体会到了霸凌的快乐。为了使自己的孩子不受欺负,她们在幕后做了很多工作。

这些大人的行为让人感到,如果只用欺负人不好这些大道理来对付孩子,结果反而会使孩子感到更压抑。

河合:确实如此。可难就难在,现在仍是跟着口号走的时代,教育方面更是如此。这实际上是一种教条主义。所以我们说多少有一些霸凌很正常,他们则认为这是在迁就霸凌,认为霸凌是这种迁就态度所带来的结果。我们知道不可能去根绝霸凌,可大家却赞成"彻底根绝霸凌"的口号。这是教育方面的一大难题。

我想起一些过去的事情。我们那个时代的父母反反复复地说不允许撒谎等等。可他们实在太忙了,没工夫管孩子。所以孩子们"未泯的天性"得以乘势复苏。虽然当时我们也接受"修身"课等道德教育,但竟然能出像我这样不循规蹈矩的人,当时孩子们"未泯的天性"由此可见一斑(笑)。现在,如果教师和家长有某种意愿的话,孩子们"未泯的天性"就会被一网打尽。这是一大问题。

对霸凌采取坚决的态度,不等同于根绝霸凌。坚决不允许霸凌,与彻底消灭霸凌并不一样。现在,对霸凌需要采取坚决的态度已经变成了要彻底消灭霸凌这么一个口号了。这需要批判。

赤坂:在讨论霸凌问题时好像有许多忌讳。比如我们今天说的这些意见,在"根绝霸凌"的讨论会上,一定会挨打受挤压。

河合:在媒体发言时也会遭误解。我认为对霸凌的坚决态度,指的并不是要彻底消灭霸凌,而是要将霸凌限制在一定的程度内。

村八的"智慧"

赤坂:日本社会以前是否确实存在村八分的制度,现在还并不十分确定。但在民间,那些违背村落契约或"互助会"规则等共同秩序的人家,确实会被归入村八分的对象。对被归入村八分对象的家庭的惩罚,虽有程度上的区别,但这些人家除了在火灾和葬仪时能得到村人一定的帮助外,其他困难则一律被拒绝提供帮助。孩子们把这个说法竟然如此巧妙地用到自己学校的环境里,实在令人咋舌。

河合:而且班主任绝对不知道。

赤坂:如果直接拳打脚踢,则很容易被老师察觉。而被同学冷落这类事,老师绝对看不到。

只有作为当事者的这些孩子,才会切身体会到被别人忽视有多么痛苦。这种恐惧感和村八分的感觉极其类似。在孩子中间突然出现群起孤立别人,用村八分的方式来欺负人这一点,从某种意义上说有着日本式霸凌的特点。

在读了与村八分相关的民俗学方面的论文后,我感觉当时出现村八分的做法并非平白无故,而是有一定原因的。

然而,今天孩子们的村八分似乎可以说是空穴来风。即使与其他同学之间小小的差异,也能被说成明显的不同,而被扣上"外来人"的帽子。所以我很想探讨一下,今天的村八分与过去的村八分之间的区别。

河合: 我这么说也许过于大胆了,群居生活对人类来说并不是件简单的事情。有史以来,为了群居生活,人们发挥了很多聪明才智。应该说,存在村八分的集团相对比较安定。在与其他地区有敌对关系时,这个村子也会比较安全。一个既没有敌人也没有村八分的集团,很难有一个安定的环境。

从某种意义上来说,古时候人们还曾使用人祭神这一非常残酷的方法,守卫过全体人的和平。随着时代的推进,这种野蛮的风俗消失了。可存在于我们精神内部的某种野性,仍会不可抑制地通过某些怪异的行为发泄出来。我们一边教育大家要自由、平等、博爱,一边也要在现实中为存在于我们内部的野性找到出口。这是一个很有必要考虑的问题。

若真想要自由、平等、博爱地生活,每个人都应该意识到自己内心的阴影部分。然而,由于我们通常意识不到,所以这些阴影部分会在不经意间得以强化,最终直接影响到他人。赤坂先生曾在《排除的现象学》(筑摩书房"筑摩学艺文库")一书中,用"分身"一词对霸凌进行过说明,说得确实很有道理。通过这个问题我们看到了近代社会所特有的一些很大的难点。

赤坂：是啊。河合先生刚才提到了阴影的问题。不仅在学校，在整个近代社会普遍可以找到这种存在。我把它叫作"我者中的他者"，这与"分身"的问题相关联。无论是什么集团，如果均一化达到了极限的程度，这个集团成员就会不断出现分身化。在没有明确的他者存在时，有着相似面孔的分身们，便根据自己所想象的"我者中的他者"，将其定位于集团里的某一个人，量体裁衣地制造一个"异人"出来。我认为当今学校里发生的霸凌就属于"我者中的他者"及"分身"问题中的一部分。

霸凌问题与受压制的暴力

河合：刚才你提到被人起外号叫沙袋的问题，霸凌中确实存在着暴力问题。这个问题的难点在于它同老师的体罚问题相关。甚至还有人提出可以容许教师体罚学生，可在现实生活中已经发生因体罚而丧生的例子。我们绝对不能允许体罚。可是孩子之间的暴力相当厉害。想法简单的人会说，如果父母对孩子施加暴力，孩子当然也会对别人施加暴力。教师对孩子施加暴力的行为也还没被完全有效地禁止。归根结底，对人施加暴力的问题，仍是一个有待深入讨论的问题。

赤坂：暴力问题在现代社会是个忌讳，感觉上也没有多少余地可以讨论。

河合：我们儿时的那个时代也没人赞成暴力。不过大家多少都打过架。尽管这跟刚才说的村八分并不一样，也是一种做法。群殴某某，多少有点仪式化的感觉，所以不会太过分。在一定程度上的打架当时是允许的。

比如当时会发生这样的事情。假设我们学校是学校A，我们跟学校B是敌对关系。因为这种关系是大家公认的，所以在学校A附近看到学校B的人，学校A的人就会打他。同样，如果学校A的人去了学校B附近，被看到了也会被那边的人殴打。虽然打的时候说是在报复，可也不会打得太出格。差不多总是到一定程度就罢手了。就好像在青春期有一个让人内在的暴力性喷发出来的做法。可现在的情况变成绝对不允许喷发出来，这又是另一个难题。

有人说如果碰到这样的孩子可以让他多参加运动，其实并不起作用。

赤坂：现在"老大"这个词已经成了废语了吧。在少年漫画世界里，老大也许还存在，可在现实世界里如果孩子群里用这个词，大家一定觉得可笑。老大之所以给人一种不良印象，是因为它有一定的做派。

河合：对，对，它有一种不良做派。

赤坂：我小时候身体一直比较弱，没什么体力，很少打架。可对老大一直很崇拜。现在只有在漫画里才能见到老大，不知怎么会变成这样。也许这是因为凡是与暴力相关的一律遭压制的结果吧。

河合：特别是日本在这方面做得比较过分。以前尽管没有人说暴力好，当然老师发现后会狠狠地训斥学生，可在一定程度之内，仍会发生一些小打小闹的事情，现在彻底看不到类似情景了。

赤坂：身体内含的暴力受到了压抑，或由于过分紧张而产生巨大的压迫感，或是要逃离一个很压抑的环境，这时往往会产生一种不动手又非常高明的以冷落他人为手段的霸凌。我认为这个方式的出现也是必然的。

冷落他人的暴力，或者说是看不见的暴力，即使受到了教师或家长的批评，当事者也可以反抗说，自己并没有任何暴力行为。我感觉这是孩子用很隐蔽的形式创造了一种看不见暴力的霸凌。我们很难制止这种霸凌。

河合：确实没有办法制止。如果不充分接触孩子，根本发现不了问题。

赤坂：即使发现了问题，警告他们停止这种行为也毫无效果。

河合：即使他们说已经停止了，你也辨别不出情况究竟是否有变化。

赤坂：报纸上在讨论以霸凌为原因的自杀事件时，主要话题明显集中于集团暴力的问题上，而冷落他人这种程度的霸凌则很少成为议论的中心。然而，暴力事件难道还能算霸凌问题吗？这明显是暴力事件的问题。如果把两个不同程度上的问题混为一谈，将一般的霸凌及暴力事件统统归纳为"反正两种事都是孩子们干的",那就将不同性质的事情混为一谈了。

河合：超过一定程度的暴力事件，就要定为刑事案件，对此我们绝对要采取坚决的态度。如果把这些事件都一股脑地都说成霸凌，就如同帮助癌细胞转移是一个道理。

赤坂：恐吓、暴行并不是霸凌，我觉得有些人将这两件事混为一谈，似乎是要隐藏什么。比如说，一旦将暴力事件说成是霸凌，然后再强调，在霸凌中有时候问题出在被欺凌的一方等等。

河合：将两件事混为一谈所造成的结果，常常会掩盖住事情的真相。我们在讨论事件的原因之前，首先要有一个严格的做法，清楚地将事件的性质裁断为暴力事件。

赤坂：孩子们能够看穿大人世界里那些大道理后边的谎言。

河合：没错。

赤坂：看得透彻得令人恐惧。所以当大人们说"不允许霸凌""不能使用暴力"这些大道理时，现在的孩子们不直接做出反应，而是一边避免正面冲突，一边以你想象不到的方式进行反抗。

河合：他们并不直接抵制大人，而是想办法使用各种遮掩的方法避免把事情暴露出来。结果情况不断升级，最终变成大事件一下子暴露出来。到了这个地步，再想如何从根本上解决问题就更难了，原来的问题已经从本质上完全改变了，看不清真正的问题所在了。

赤坂：在允许"团伙老大"存在的世界，大人与他们之间也许能找到一定的交流方式。比如可以去跟"团伙老大"打交道，谈谈怎么讲哥们义气，或者是否断交那样的话题。现在已经不是那样的时代了，情况也不同了。金八先生①的做法不起作用了，如果能像他那样做的话，事情就简单多了。不过恐怕也解决不了问题。

关于转校及拒绝上学的自由化

赤坂：与教育及孩子相关的问题包裹着一层很厚的忌讳，如果想在公众场合讨论，总会牵涉许多其他各种问题，这个碰不得，那个也不能谈。这种状况应该得到改变。

河合：这种状况似乎已经一点一点地好转起来了。实在是问题太过于棘手。现在，教育者之间已经出现了新认识，那就是不能继续在乎之前的忌讳，不能再像之前那样空讲大道理了。所以，现在我们感觉说话变得容易一些了。

赤坂：受欺负而不想上学的孩子，有很多会去河合先生您那儿就诊吧？

河合：是的。现在文部省规定，允许因被欺负而不想上学的孩子缺课或转学。之前上边不接受这种情况，大家被

---

① 金八先生为东京放送于 1979 年至 2011 年播放连续剧中的主角。此剧以校园教育为主题。——译者注

上边的规定绑住了手脚。现在我们能够根据每一个孩子的不同情况考虑，在这些方面也表现出了上边要试试看的决心。因此我们可以说，日本教育开始朝好的方向发生变化了。

赤坂：也就是说，转学是解决问题的最终手段。在日本是被欺负的孩子转学，可在英国或挪威，最后是让欺负人的孩子转学。我认为两者有很大的不同。

虽然并不是说哪个做法更好，可我认为在日本让欺负人的学生转学不太可能。日本的霸凌往往是几乎全体欺负一个人，我们不可能让多数人转学。而且也不能画一条线很明确地说清楚，一个孩子参与到了哪一步算是霸凌。或许这与两种霸凌情况根本不同相关。

河合：应该是这样。

赤坂：海外的这些情况传进日本后，报纸上很快出现评论说"在日本为什么让被欺负的孩子转学？欺负人的孩子才是问题所在"。我觉得让被欺负的孩子转学确实解决不了问题。然而，考虑到国内外霸凌发生的背景及状况的不同，我采取保留意见。

河合：这是一个很有研究价值的问题。在国外的霸凌中，有一些表现得十分凶暴的孩子。而日本霸凌情况则主要不在个人而在全体。

赤坂：我想起了自己小学时代的一些事情。当时有一个非常粗暴的孩子，有时候他会把同学打哭，有时正上着课他会突然掀翻课桌。后来这孩子好像被要求转学了。现在并不是这样的问题。

河合：现在的问题不一样了。

赤坂：在日本被欺负的孩子有转学的自由，也有拒绝上学的自由。这一提供各种不同出路的做法，不失为一种最好的权宜之计吧。

河合：现在类似的出路又增加了不少。这对日本的教育来说很有帮助。

不可思议的是，日本文部省的方针具体落实到学校后，常会即刻完全变样。会变得比原来要保守许多。可见，第一线教育工作人员的思想更为保守。这种情况必须改变。

为什么是从 20 世纪 70 年代后期开始呢？

河合：为什么从 20 世纪 70 年代后半期开始，日本出现了一种很怪异的霸凌现象呢？我的想法是，在这个时期，日本教育多年所取得的成果，我指的是消极方面的成果终于表现出来了。日本的教育方法、做法从一定程度上说进行得很顺利。可当其达到极致时，消极的一面突然表现出来了。现在大家都说要重新考虑日本教育，这说明触发大家这么想的消极因素终于出现了。

赤坂：顺便说句闲话，霸凌问题作为社会问题浮出水面时，正巧跟当时相声大流行的热潮重叠。比如说"两拍子"（Two Beat）这个节目刚登场时，把市民心上压得很深的一些大道理,比如"对弱者要谦让"之类的道德观完全颠倒了过来。那些节目对弱小、肮脏、阴暗的东西,作了不留余地的攻击。而且这些攻击,是在相声这种文化形式允许的范围里进行的。支撑这一相声大流行热潮的力量,来自社会及观众的笑声。当时整个社会被一些大道理压得喘不过气来,大众已经到了一种非常憋屈、不得不宣泄一下的状态。这个低俗相声大流行的热潮就是这么形成的。当时在孩子世界里也有类似情况。我认为从这时候开始,孩子们对大人们一味强调的自由、平等、博爱的大道理,表现出了抵抗的一面。

河合:遗憾的是我很少看电视。听说白天的电视节目里,好像有以对他人欺辱的方式取笑的内容。虽说是半开玩笑,但措辞相当拙劣。这种节目成了孩子们模仿如何欺凌他人的一个样板。

结果,相声这一远离现实世界的形式满足不了世俗的需要了,之后与现实更接近的一些搞笑节目里,也出现了霸凌场面。现在这些内容则都进入了现实生活。这么想就非常容易理解。

赤坂:刚才谈到为什么70年代突然出现了很怪异的霸凌现象的问题。1979年残疾儿童学校义务化了。不知此事究竟是否对教育界有影响,但我个人总认为应该有些影响。

也就是说,以前在普通的教室里,存在着一些一定程度上与普通学生不同的学生。1979年以后,这种区别突然消失了。那些有残疾的孩子，要么进了特殊班级，要么进了残疾人学校，总之他们跟普通的孩子隔离开了。这时，教室里的秩序便开始发生了变化，本来能看得到的同学之间的区别突然消失了。同学之间看不见区别了，于是开始出现分身（多重人格障碍）的问题。借用当时的说法来形容的话，出现了一种相互之间暴力蔓延的现象。

河合：如果全体日本人不改变对教育的认识，那么便很难实现个性化教育。单纯强调效率的做法，扼杀了人与人之间有区别的教育思想。叫大家要高效率的同时，也产生了把低效率的孩子排除出队伍的想法。这时候我们应该想，效率低一点没关系，各种各样的孩子都能同时一起学习，才能称作教育。如果大家没有这样的认识则非常难。

赤坂：有残疾的孩子要去残疾人学校，我对这个做法究竟是否可行，持保留意见。残疾人义务化教育已经实行十五年了，我们现在需要认真讨论的是，这个制度在实际生活中究竟是否有用，是否有积极的一面。然而，问题在于，这个政策一旦开始实行了，就没人再去碰它了。我认为这种做法有问题。

我们是做了一个选择。同时，对这个选择的结果究竟如何，也应当继续加以讨论。

河合：日本的这种后续研究显然不足。也就是说，如果一件事情已经决定了，对日本人来说这件事就完成了。而美国人的优点则是经常有后续研究。在日本，如果做了什么改订,改订后这件事就完了。再接着改就很奇怪。可在美国,作为后续研究的一环,如果结果不好还可以继续再改。后续研究绝对是应该做的。

最近出现了要减少每个班级人数的运动。人数减少之后,班上更需要有不同的孩子。有必要让孩子们了解到,各种各样的孩子在一起学习很正常。

如果大家都能改变一下想法,班上二十个各种各样的学生包括学习好的,学习差的,都能很自然地坐在一起学习,那么也可以考虑由一个老师负责。可现在日本人的想法是,在减少课堂人数的同时让有问题的学生去残疾人学校。这样,在提高学生均一化程度的同时,霸凌问题则会更为严重。

教育改革的迹象

河合:所以,现在我们得从根本上去考虑问题。简单地根除霸凌的想法是行不通的。

日本人国民性中的不足之处在孩子的世界里同样显而易见。所以我们要抓住这个机会进行一下改变。现在社会上恰好也有一种希望改革的气氛。

以前根本不能想象在学校里可以设置心理咨询中心。现在第一线的老师们能接受这样的事,而且工作开展得很顺利,真的很了不起。一直以来,教育被视作一个神圣领域,别人很难插足这个领域。现在外界人士竟然走进去了。

教育界开始能接受外界人士了，而且还能协助他们工作，这真是非常有意思。

学校心理咨询中心办得非常成功，工作人员跟学生的谈话方式都是经过训练的。他们不会给学生打分，也不会把学生的话传给别人。与课外辅导培训班老师的性质类似，他们也是通过进入学校跟学生进行交流。

前一阵，有一个关东地区小学的校长集会邀请我去演讲。我说，演讲也没什么作用，还是不讲了吧。可对方说"不是演讲而是跟校长对谈。让校长代表把校长们的问题带给您，先生回答他们的问题就行了"。我觉得那还比较有意思就去了。这是一场与校长们的直接对话。这对以前的校长来说，是不能想象的事。

会场上有人问，"先生，您怎么看这样的问题"。可见现在的校长变得相当灵活了。他们不再像过去那样，开会只是来听听报告，然后就老老实实地回去。他们在会场会主动与演讲者进行切磋，也会听听演讲者的意见。我跟校长们说"今天大家觉得很有意思吧？大家如果欣赏这种方式，回到各自学校后也可以这样去做"。各位校长可以扮演我那天的角色，请一些家长教师联合会代表及学生代表，然后把大家集合起来，一起讨论问题。一直以来，日本教育领域习惯于上级发号施令，下级唯命是从，这样的作风逐渐消失才好。

校长中间出现了这样的变化，是因为大家开始有危机感了，这是好事。

赤坂：根据自己的体验，我认为问题变得日益紧迫的原因之一，在于人们对学校和教育过分期待的态度。在现实生活中，孩子和家长现在对学校已经不再有过高的期待了。与其说提出一个理想的方案，要求学校能在制度上、编制上有相应改变，还不如说他们现在更希望学校的规模更小一些，并使公众认识到学校仅仅是一种过渡。虽然有点矛盾，不过或许这才是解决霸凌问题的方向。

河合：霸凌是一个非常严重、值得研究探讨的问题。今天很高兴能与哲学家赤坂先生进行如此深入的交谈。我们说得很大胆，希望大家能不过于追究对谈中的口误，而是将霸凌问题视为人类全体共同的问题。如果今天的对谈能帮助大家加深对某些问题的理解，我们将十分感激。

（《心灵的科学》1996 年 11 月号）

让我们脱下盔甲——与如月小春 * 对谈

令人焦虑的"考试热潮"

如月：我家女儿现在四岁还在上幼儿园,可周围的人已经成天在聊"考试"的话题了。

河合：真的? 我以为你说考试是在开玩笑呢。除了音乐,早期教育没有任何意义。

如月：但大家都在谈这个话题,令人不安。有各种传说、传单,还有人打电话来宣传。周围情报多得满天飞,令人坐立不安。

河合：这些人简直是在吓唬人,可以说是一种犯罪。太让人生气了。孩子们真可怜。如果全体日本人的心态不改变,教育问题则无法解决。

如月：日本人对那种能完成上边布置下来的任务的人,评价很高,可对善于表达自己思想的人,评价却不高。

河合：日本人热衷于排名,喜欢照葫芦画瓢。第一线的教师说,"文部省的限制太多,自己没什么自由"。其实如果上边没声音,他们又会不安。

如月：母亲们在教育孩子方面同样有类似的问题。如

---

*　如月小春,1965 年生于东京,东京女子大学毕业。"NOISE"剧团负责人。从事戏剧的制作和指导工作。著有《如月小春戏曲集》《都市民族剧场小屋》《八月的孩子们》。2000 年 12 月 19 日去世。

果你跟她们说"应该多跟孩子交流",她们会问"说什么话题呢?"好像所有的行动都需要范例。

　　河合:有种想法是一切皆有正确答案,大师们那儿有标准答案。我们长期以来所实施的,就是谁能尽早记住这些答案谁就能捷足先登。将科学技术生搬硬套于教育,以为只要按照指南手册办事就不会出错。如果不改变这种想法,孩子们就太可怜了。

　　如月:每个孩子都有能力为自己找到或创造自己喜欢的游戏。但差不多到小学高年级时,这种自由渐渐减少。孩子们的注意力更多地集中在所指定的功课上了。

　　河合:孩子们开始发现,按照大人说的去做比自己自由行动好处更多。真可怜,从小就被训练如何照葫芦画瓢。特别是男孩子,这种倾向更厉害。

　　如月:我们希望能见到精力充沛、健康顽皮的孩子,但令人担心的是,现在这种愿望已经成为幻想了。实际上,与安安静静、深思熟虑的孩子相比,我们更希望看到健康活泼的孩子。

　　河合:当我碰到已经失去了孩子气的那种孩子时,觉得很费劲。

　　如月:我自己在从事表演艺术以前是个郁郁寡欢、让大人棘手的孩子。

　　河合:人生有许多烦心事。不可能做到天天都轻松愉快。

如月：每个人心里都有一些阴暗和绝望的部分。现在青春期的孩子，精神负担太重，包括自己无法控制的性冲动在内的负担。老师和家长对这些青春期的孩子已经招架不住了。最近不是发生了当初中老师提醒学生时，学生用刀刺死老师的事件吗？（指1998年1月28日，栃木县黑矶市发生的刺杀事件——日文版编辑部注）

河合：从前，青春期也是一旦刹不住车便天下大乱的艰难时期。当时整个社区和家长合力保护着孩子们。当时为把事情控制到还能刹得住车的程度，有一套允许青春期的孩子在一定程度上捣乱、调皮的社会秩序。这种方法和制度可以帮助孩子们渡过难关。现在这套秩序已经不存在了。所以，青春期的孩子，不知什么时候就会发生刹不住车的情况。这次我们只能说，被刺的老师太不幸了。

如月：老师们有可以保护自己的方法吗？

河合：可能要靠自己内在的那种动物对危险的直觉吧？可现在连培养这种直觉的机会也没有了。

嫉贤妒能的日本式恶性平等

如月：我在兵库县创办初中生暑假话剧社已经有九年了。话剧社办到第三年的时候，老师们也参加进来了。他们说看到自己的学生参加话剧社后起了很大变化，所以自己也想参加。

河合：老师们有这样的经历，不但自己开心，也会得到孩子们的尊敬。

如月：可老师们在表演时也很挣扎。平时给学生评分、批评教育学生的老师，现在要在学生面前念台词，突然表露出自己的感情，难度相当大。他们说"很难摘下老师脸上的面具"。

河合：对啊，可以理解。

如月：但后来的一个契机，打破了老师和学生们之间的隔阂。他们开始互相欣赏，互相称赞对方"大人真棒"或是"孩子真棒"。大家变成了相互学习关系，觉得一起努力做一件事情非常有意思。他们不再纠结学校的那层关系，老师和学生都得到了解脱。

河合：我也想加入进来。

如月：好啊，好啊。你演阎魔大王怎么样？

河合：我演阎魔大王的话，什么都说"没事""没事"，要变成没事大王了（笑）。

如月：为什么老师们到校外去参加一个活动这么难？

河合：各个学校的情况不同，在某些学校，有些同事有可能对外出参加活动的老师发牢骚。比如按规定五点钟下班，如果你五点以后还工作，就会受到别人责备。日本式恶性平等最糟糕的是，谁受欢迎就拉谁的后腿，谁做了一点跟别人不同的工作，大家就会神经过敏，还会在旁边说一些"真没有意思"之类的风凉话。

如月：真令人遗憾。

河合：也有校长给老师做后盾,保护那些愿意做一些有意思的事情的老师。

如月：相反,如果在一个被校长压制得很厉害的学校,老师就做不成任何事情了。

河合：最常见的校长是希望学校里风平浪静,不出任何问题。

如月：这种气氛非常令人憋屈。

河合：实际上也有很多老师并不在乎这些,而坚持做一些有意思的事情。但家长对他们评价很差,认为这些事对准备考试无益,仅仅是娇惯孩子而已。

如月：老师们的工作真辛苦,太难了。老师们不得不亲力亲为的事情实在太多,又因为自己是老师,而不能有任何怨言。他们肩负的任务繁重,面对来自每个孩子的各种各样的问题,又统统需要自己一个人去承担。

河合：真是非常辛苦。以前的孩子差不多都是老师怎么说,孩子就怎么做。现在强调要看到每个学生的个性,一个老师最多能管二十个孩子吧。

如月：是否所有的事都要由一个老师承担呢? 家长、社区、媒体其实都和教育有着千丝万缕的联系。因为他们太缺乏这些方面的责任意识了,才造成老师们孤军作战的局面。

河合：家长过高地期待学校的支援,对老师指手画脚。老师们没有多少可以自由发挥的余地,人被搞得筋疲力尽。

如月：家长的危机感越来越强，对学校的信赖度日益降低。有人认为学校不是个好地方，觉得自己的孩子在学校不受待见，或者孩子可能会在学校受欺负。这些家长总是更多地注意学校对孩子不利的一面。这些无根据的不安，让他们觉得非得让孩子离开学校去上辅导培训班，之后最好能去那种初中和高中施行一体化教育的私立学校。

河合：这就变成了恶性循环。教师这边只在乎遵守规定，做事缩手缩脚。这种老师教出来的学生，当然也会缩手缩脚。

如月：遵守规矩有那么重要吗？要遵守什么？有什么非要遵守的吗？

让我们重新找回自信

如月：在学校老师戴着面具，学生也同样戴着面具。

河合：似乎有一种孩子早戴面具早成功的感觉。

如月：学校也是剧场。

河合：应该说有问题的学校像剧场。

如月：一个人不动怒的时候很难说出自己的真实想法。

河合：但一直憋在心里，发火的时候说出来的话并不是真心话。那并不是因为生气而表现出了一个人真实的一面，而是因为生气而说出了气话。孩子们这时候就变成牺牲品了。

如月：在家里也一样。孩子们演好孩子，父母演好父母。大家都演得筋疲力尽。如果这么积累起来的疲劳，在最薄弱的地方找到突破口，那些较弱的孩子就会崩溃。

河合：对啊。

如月：我们面前有两个方向，一个方向是努力经营那种使大家精神压力比较小的环境，另一个方向是培养孩子更能忍耐不发怒。而现在我们正在朝后边这个方向努力，对不对？这条路走下去会……

河合：培养忍耐力实在太难了。

如月：老师们也有控制不住自己的时候吧？特别是年轻老师。

河合：大学一毕业就当老师，在没有什么背景的情况下会相当难。如果不是大度豁达的人，根本做不了这个工作。

如月：老师们之间为什么互相称呼"老师"而不是对方的姓名呢？

河合：大概是大家希望老师之间的交流，缺少一点人情味儿吧。互相称呼老师，就好像大家都穿戴着盔甲，突然称呼姓名，就能看到这个人了。

如月：原来如此，是因为那层盔甲。

河合：社会上人人都穿戴着盔甲。只不过老师的盔甲特别硬。然而，老师是一种最容易表现出人性的工作。在学生面前能脱掉盔甲，就会变成很有意思的老师。

如月：孩子们对此一定非常敏感。

另外，老师对孩子使用命令口气，也让人很不舒服。

河合：老师不居高临下可不行。如果他们不把自己想得伟大一些，也许就生活不下去了。这是因为他们每天做的事情实在太枯燥无味了（笑）。

如月：通过神户事件和其他一些刺杀事件，最近报上接二连三地披露出初中生的一些令人难以置信的暴力行为。但在现实生活中，也有许多非常稳定的师生关系的例子。那些有意迎合大众情绪的报道，令人深感不安。

河合：结果当然会让大人震惊，孩子也会紧张。这就是恶性循环。我希望像学级崩坏这样的说法，也不要再大谈特谈下去了，否则大家都想进去凑凑热闹。

如月：现在即使是四岁的孩子，有些也已经开始变得粗鲁起来了。他们会表现出憎恨的眼神，神经质的举止。而且这些孩子并不是出于有问题的家庭。

河合：现在人与人的关系被破碎得太厉害了。本来日本人之间的关系，不需要任何语言，只要人在一起关系就连在一起了。孩子本来是家庭和社区共同培养的。现在这些关系全部被切断了。

如月：在孩子的教育问题上，谴责家长也没用。

河合：说得对。日本文化正举步维艰。现在是一个变化比较大的时期，很久没有这样的大变化了。

如月：现在是一个无论银行还是政客都没有信用的时代。然而，如果问对什么最没有信用，答案是自己。自己没有自信，就会觉得别人也都在演戏。

河合： 父母没有自我肯定感，孩子也不会有自我肯定感。

如月： 不是每个人都能很成功。如果现在开始采取积极的态度重新对待自己，也许会出现各种新变化吧。

（《京都新闻》1999 年 1 月 8—10 日，共同通信发布）

河合隼雄访谈录

"恶"在孩子成长过程中是必要的

采访者　AERA 编辑部　蝶名林熏

蝶名林：最近您的新书《孩子与恶》出版了，您指出，孩子的"恶"与个性及自立精神的形成很有关系。我们应该如何认识"恶"在一个孩子成长过程中的必要性呢？

河合：看一下霸凌的情况就比较清楚了。以前我们小时候，跟兄弟之间总会有一些小打小闹。大家都会在打闹的过程中体会、琢磨到大概"打闹到什么程度就差不多了"的感觉。到了青春期这一特别时期，虽然大家都会有一点霸凌行为，可也都积累了一些经验。因此不会像今天这样，闹到出"人命案"的地步。虽然霸凌绝对不好，但人却有一边做坏事一边长大的特点。

即便如此，也不能说"霸凌没问题"或"霸凌是有益的"，我们必须强调"不允许霸凌"。然而，与过去不同的是，今天所说的"不允许"，变成了绝对意义上的不允许。同时也比从前更强调必须"抓紧学习"了，父母甚至有一笔钱是专门用作督促孩子学习的。我倒不是说以前的父母有多伟大，只是幸亏以前的父母没有钱，管不了那么多。因为工作忙，孩子又多。实际上，以前父母与孩子之间的这种距离感恰到好处。

家长和孩子之间的这种平衡感，现在突然崩溃了。日本人有钱了,像一家人去国外旅行这样的娱乐机会增加了,却没注意到它所带来的副作用。副作用之一是家长把"好孩子"的标准想得太单纯了,这是一个大问题。

蝶名林:他们认为会学习、成绩好就是好孩子。

河合:是的。这种好孩子的形象实在太简单化了。

蝶名林:"恶"也与一个人的能量或创造性相关吗?

河合:我个人是这么认为的。创造之路,好事多磨。一般一个人在摸索的过程中,常常是走到四面碰壁,才能慢慢找到一条可行之路。然而,好的想法起初看上去会很丑陋,可在你打掉很多丑陋部分时,有价值的东西可能也会一起被打掉。

比如,不上学不好,偷东西和撒谎也不好,可这些以后基本上都会朝着积极的方向转变。所以学校老师的工作相当难,看着学生做坏事,不能说"好",而且有时候确实需要斥责。每件事的具体情况不尽相同,学校的工作不可能按照统一的指南手册去解决。

蝶名林:说到孩子的"恶",比如霸凌、撒谎、盗窃,其实现在的孩子并不太容易犯这些事。这是被抑制的结果吗?

河合:现在确实被抑制得很厉害。但到了青春期,这些行为无论如何会表现出来。那时候,随着孩子变得较强硬,父母则变得较软弱。而且,因为之前孩子没有什么做坏事的经历,所以一旦发生坏行为,就很极端、出格、出人意料。

以前的孩子在做坏事的过程中,知道做得不对,也会为自己的行为烦恼。而他们通过这样的经历，也得到了适当的磨炼。

孩子们对自己做的坏事会自责、思考、反省。比如兄弟之间，哥哥欺负了弟弟后会觉得弟弟可怜。尽管他可能会想"以后再也不欺负弟弟了"，可有时仍会再欺负。弟弟这边尽管会想"哥哥真坏，以后不理他了"，可过一阵还会和好。就这样，孩子们都会有一些各自的人生体验，得到一些"人生原来如此"的体会。

然而，今天的父母，则想方设法减少孩子这些所谓的后顾之忧，目的在于希望孩子把所有的精力都用在学习上。结果，孩子们少了许多"在生活中学习"的机会。

蝶名林：这种情况是如何形成的呢？

河合：其中一个原因是，日本的父母们对什么是孩子的幸福，想得太简单了。他们认为孩子只要没有烦恼，只要学习好就幸福，而且太过于看重这两点了。看看美国有钱人家的孩子，就很清楚了。孩子进了大学，很少有人让父母给自己买车。而在日本，家长会轻而易举地给孩子买车。

因为我们过去很穷，所以我们总想着，怎么让孩子过得更顺心。其实，这只是父母自己开心而已。这些父母将自己的满足感误认为是在帮助孩子。如果真想帮助孩子，当孩子说"给我买车"时，你就应该说"想买车，那自己去打工吧"。

蝶名林：日本父母头脑中"好孩子"的概念变得简单

化,或者说变得一味地追求这种标准的"好孩子",是从什么时候开始的?

　　河合:可能以前就是这样。但今天日本人突然有钱了,也就是说一不小心就变成暴发户了。这么想就非常容易理解。

　　河合:现在的父母们太在意"和和气气就好"这一点了。而有钱就可以避免争吵。孩子说"爸爸,我要买这个",尽管要求过分,因为有钱就会给孩子买。这时候其实失去了一个父子之间碰撞的机会。

　　过去孩子要买大一点的东西时,大人会暴跳如雷地说"想得美,我们哪有这个钱",孩子会想"再也不理这种父母了"。之后会沉默两天。其实这种感觉恰到好处。

　　有钱了,生活丰裕了,父母应该怎么做才好呢? 国富民康实际上大大增加了父母教育孩子方面的难度。

　　蝶名林:在教育第一线,老师们一般如何对待孩子的"恶"?

　　河合:老师太注重学习成绩了。在欧美,重视孩子个性的道理非常明确。学习差的孩子,也会表现出非常自信的表情。一般老师都认为,某些孩子现在学习不好,"可将来他们完全有可能做一些特别有意思的事情",所以对他们没有任何奇怪的负面看法。在日本,老师对学习成绩差的孩子,评价非常苛刻。最令人不安的是,他们把学习成绩差与道德相提并论,学习不好,会被指责为"偷懒"或"品行不良",这个问题非同小可。

最近听到一个令人感叹的故事。京都一所初中,下决心把本来三十人的一个班分成十人一个班。三十个人一起上课的时候也有。每个班十个学生,一个老师负责十个学生。结果因为老师与学生关系密切了,无论是学习还是运动,学生不会的时候,就会自然大胆地告诉老师,"我不会做"。这也说明,老师心里没有"你不会就说明你不是好孩子"的想法的话,学生也能察觉到。在这种情况下,学得好的孩子也不会因为自己懂了而骄傲,而是主动帮助还没弄懂的孩子,说"我教你吧",还没弄懂的孩子也不会因为自己不会而自卑,而能自然地告诉别人自己还不懂。那些以前对上学很有抵抗心理的学生因为与老师的关系,最终选择了上学。

蝶名林:就算脑子里明白培养学生个性的道理,实际上做起来应该很难吧?

河合:培养个性难就难在,个性不是教出来的。教出来的就不是个性了。所以,如果真想培养学生的个性,就不能总想着教,而必须学会等。要等到孩子的个性表现出来以后,才伸手援助。但实际上我们做教师的都很清楚,安排学生做他们比较善于做的事情,而老师只在一旁观察的话,其实得花更多的精力。

蝶名林:不是教导而是培育。

河合:对。我经常说,在日本"教"师太多了,而我们也需要"育"师。"育师"最根本的就是什么也不做。

比如幼儿园小朋友中发生了吵闹,一些老师会立即跑过去大叫,"干什么呢? 好好玩儿,不许打架"。但真正的好老师则会站在一边观察,自言自语"噢,干起仗来了"。打了一阵不停手的话,会上去管一下。但如果小打小闹,稍微哭两下,只要能自然收场,也就不插手了。

越是不擅长教育的老师,越是常常会去干预学生。孩子们好不容易有个机会学习一下如何处理争吵、如何争取和解等,老师却剥夺了他们的机会。这种情况在老师和父母中很常见。真正做到默默守护孩子,是一件非常难的事情。

蝶名林:现在越来越流行早期教育了。

河合:这是因为父母太不注意观察自己的孩子。很多家长只对自己的孩子排名第几感兴趣,而不会通过仔细观察孩子后表达,"我家孩子现在特别有意思"这样自己独特的意见。早一点开始学习,孩子当然能取得比较好的成绩。但对孩子的整个人生来说,这种教育不会有任何积极帮助。做我们这个工作的人,对这方面更了解一些。与这种教育相比,更重要的是要从小开始培养孩子自己独立思考,学习如何担负起自己应该负的责任。

蝶名林:孩子在自立的过程中,父母应该怎样帮助他们呢?

河合:当然青春期比较特别,但青春期之前有好几个可以练习的时期。孩子有练习的愿望时,父母能在一定程度上关注他们是非常重要的。孩子做自己喜欢做的事情时,父母能尽力帮助他们,结果会大不一样。

但有时候孩子会有一些奇怪的想法。比如孩子喜欢钓鱼,说想一个人去很可怕的地方钓鱼。这时候家长不能不闻不问,而是要去跟他聊两句。比如可以问问"你去什么可怕的地方钓鱼啊?""爸爸跟你一起去好不好?"等等。跟他多讨论讨论,就能聊到一些比较认真的话题。

这时候,不要事先把事情都安排停当,而尽量相信孩子,即使冒一点险也值得。父母要能做到这一点确实很难,对父母来说,什么都由自己事先安排好是最简单的。

在物质日渐丰富的同时,我们更需要用心去生活。然而,现实却是人们以为现在丰衣足食了,精神家园便可以不闻不问了。

蝶名林:教育不是用金钱而是要用心去办,对吗?

河合:大家对所谓热心教育的父母,很容易有错觉。那些被说成是热心教育的父母,实际上偷懒的占大多数。他们只在乎买什么样的教材,请什么样的家庭教师,实际上把事情都托给别人了。

孩子其实对这些很敏感。他们会说"爸爸妈妈什么都没帮我做过",父母则说"我们不是帮你做了很多吗?"在跟当事者见面时,亲子之间这样的吵架我们不知道听到过多少次。父母确实是花了许多钱,可孩子指的是父母精神上的付出。

蝶名林：我们应该怎么看孩子的阴暗心理？也许这个问题与孩子的"恶"没什么关系。

河合：每个人都有阴暗心理。作为孩子，他们内心对"如何去接近""认识"这个"可怕""吓人"的世界也会很纠结。

很多孩子会想到死亡的问题。他们在每个年龄段会有不同想法。六岁左右、十岁左右会考虑到这个问题，青春期当然也会考虑到。差不多十岁左右，会想到自己作为一个人来到这个世界，没有一个人跟自己完全相同这样的问题。

孩子们虽然会考虑这些问题，但很少说出来。即使说出来，大人也不会认真听。所以他们很少说。但他们的成长，是与对这些问题的思考、感觉和表达相关联的。

然而，有些家长面对这些想法会说"这孩子，真讨厌"或"让人生气""不许提这么不中听的话题"等等。这些家长对孩子，从小就会很奇怪地加以控制。结果，在这种环境下长大的孩子到了青春期，遇到什么都憎恨，脱口就是"讨厌"。

另外，现在的孩子从小得不到生气的经验。而且，即使孩子有时候说"烦死了"，父亲也不会真正气愤地呵斥一声"住嘴"，所以他们从来没有"爸爸真生气的时候太可怕了"那种经验。现在的父母常常有一些毫无意义的克制心理，说"真的发这么大的火会伤大家的心"。我想说"不伤心，谁能成长呢?"

蝶名林:以神户事件为契机,现在出现了关于学校及教育的讨论热潮。

河合:这次的落雷只是偶尔落在了神户,任何时候都有可能再次落在其他地方。雷落下之后,再多的讨论,对事件本身也没有更大帮助,问题是大家要注意到事件的可怕程度。

目前处于时代的转折点。我们可以把这些落雷、闪电看成短时期经济巨大成功后所带来的副作用。"考试地狱"也一样,如果没有今天人人能上大学的条件,也不会出现"考试地狱"。我们创造了这个人人都能上大学的社会,这是一个了不起的成功。

我并没有说日本教育搞错了。正因为日本成功了,所以大家对此都给予了相当的认可。但不改革却绝对不行。

(《AERA》1997 年 11 月 1 日号)

母性强势社会的变貌与现代人的人生道路

采访者　读卖新闻文化部　小林敬和

小林：初中三年级的一名男生，因杀害神户小学生嫌疑而被捕的事件，震动了日本列岛。人内心深处所隐藏的阴暗面，再一次令人瞠目结舌。

河合：每个人内心都有恶或残酷的部分，同时也有善良的部分。只是一般很难分清哪个部分坏，哪个部分好。这是一种混合的能量。即使内部的攻击性平时不显不露，在一定的时间、场所有可能突然爆发。

小林：对这次的初中生嫌疑犯也可以这么看吗？

河合：我觉得是这样。现在还不知道动机，所以很难说。但是，一般来说，青春期是一个非常艰难的时期。人内部的攻击性比较容易爆发出来。从前，为了防止青春期的攻击性爆发，有"青年群居所"（若者宿）这样的社会机构。

青年人在那里可以有一定程度的霸凌，也允许有一些小偷小摸。但所有的行为必须在社会的容许范围之内。青少年在这种环境中，可以逐渐发散一些能量。随着社区、共同体的瓦解，类似"青年群居所"这样的社会机制也逐渐消失了。换一个角度看，其结果则是整个社会或集团对青少年的"守护"渐渐减弱了。

小林：河合先生一直以来，认为日本是一个"母性"强势的社会。那么,从社会和集团对青少年的"守护"逐渐减弱来看,是否说明"母性强势"的原理变弱了呢?

河合:所谓母性原理指包容的功能。因为日本母性原理占优势,所以一个集体里的争执相对也比较少,可以说比较平等吧。在这种理念的主导下,虽然会出现排除异己、对人的个性有"削方为圆"倾向等负面作用,但到目前为止,母性原理起到了很好的作用。

然而,目前在社会很多方面出现了"守护"能力逐渐减弱的现实问题。不仅青少年方面,中老年方面,比如解雇的出现等等,也大大降低了公司对雇员"守护"的能力。母性原理并没有消失,但至少可以确定,现在已经不是那个因为"日本是母性强势的社会",我们就可以稳坐不动的时代了。

小林:社区、家庭处于摇摆不定的状态这一问题已经被指出很久了。就我个人来说,我的想法之一是,很希望这种摇动能带我们从母性的枷锁中摆脱出来。

河合:尽管各个社会不尽相同,人们希望自己能从母性强势的地域共同体中解脱出来,去寻找自身的自由,这一意识上的变化,是追求核心家庭化的背景之一。其结果是在获得了相当自由的同时,必须抑制自己的欲望。每个人都要开始分担重任,也必须努力找到自己是谁这个问题的答案。

小林:具体地说,我们应该以什么样的心态去面对呢?似乎很难。

河合：虽说很难，但现在这个时代比以前的时代有意思，这一点也是事实。我们要觉悟到，有意思的生活和所付出的代价，是成比例的。我们需要下决心作出一点努力，花一点时间，去面对困难和自己难以接受的事情。

另外我们不能忘记，世界上没有适用于每一个人的解决问题的常规方法。现代人实在太痴迷于指南手册式的思考方式了。本来每一个人都不一样，可有些人在选择自己的生活方式，或如何养育孩子这些事情上，都期待能找到一个现成的方法。人和机器是不一样的。

小林：这方面您有什么体会吗？

河合：让我说的话，在心理咨询时，指南手册式的思考方式是根本不顶用的。当事人突然说"我不想活了"，你回答说"那可不行"，这解决不了问题。如果你回答说"那就别活了"，却有可能行得通。至少说明你的应对方式绝对是一对一的。心理咨询要求在瞬间作出决断，仅此一点就已经非常难了，我们只能在战争中学习打仗，得到锻炼。

小林：河合先生一直以来始终强调人与人之间关系的重要性。现在我们这个时代，整个社会对个人的守护大大淡薄了，我们应该如何重建人际关系呢？

河合：我们可以慢慢地调整自己的姿态，从听对方的想法着手。特别在亲子关系和师生关系上，大人动不动就摆出一副说教的面孔。我们应该训练自己尽量以平等的态度说话，这一点十分重要。我们平时在心理咨询时也十分注意这一点。

小林：这是个人方面的课题。那么社会方面，也就是说行政方面应该怎么做呢？

河合：总的来说，依赖社会及政府的态度不那么可取。如果过分依赖行政，整个社会则停留在母性强势的集团社会，结果是个人没有多少自由空间，只要有足够的忍耐便万事大吉。

社会和政府所能做的是，在以上所言及的前提下提供各种可能性，对多种多样的生活方式予以肯定。比如在教育方面，允许高中毕业后先玩一段时间后再上大学，高中生提早一年上大学也可以。社会和政府对这类不同情况，能准备出多种出路是很重要的。

小林：最后想问一下，为了度过现在这样困难重重的时代，河合先生自己有什么妙诀吗？

河合：不被困难吓得不知所措，而为自己能遇到如此有趣的时代而庆幸。同时不忘记多方位的思考方式，可以说这是我的风格。

（《读卖新闻》1997 年 7 月 25 日）

通过刺杀事件看 1998 年的日本

采访者　每日新闻晚报编辑部　铃木琢磨

铃木：回顾这一年，少年刺杀事件令人胆战心惊。突然刺死老师这种行为，以前是不可想象的。少年为什么变得如此杀气腾腾呢？

河合：无论是过去还是现在，处于青春期的人们都会比较鲁莽，这一点没任何变化。那个《罗密欧与朱丽叶》里的朱丽叶是十四岁。我常常说，十四岁从来就是一个可怕的年龄。

青春期是人生中最不安定的时期。如果内心鲁莽、不管不顾的情绪无法得到宣泄而全部自己承受下来，这个人会经历极大的磨炼。

在这次的刺杀事件中，当事者本人应该并不十分清楚自己的所作所为。这个男孩当时完全被暴力情绪所控制。当暴力情绪在自己内部占上风时，你必须反击一掌。一旦稍有软弱，你便会被暴力情绪所驱使。

非常令人不安的是最近流行着一种说法，叫作"失控"，这很麻烦。这种说法有时会触发人的某种情绪。近来接二连三发生的暴力事件多少与此相关吧。

铃木：少年在成长过程中到底发生了什么变异？出现什么问题了吗？

河合：孩子在长大的过程中需要依靠外界的支持，也就是家庭、社区和学校的支持。可现在这些关系突然变得淡薄了。现在整个日本,包括大人的世界在内,都变得怒气冲冲,成了一盘散沙。以前,日本人只要共饮共食,即使不言不语,也可以感觉到人与人之间的默契。

当然,家庭成员之间的关系也是如此。然而,现在大家不知不觉地开始认为,自己做自己喜欢的事才是天经地义的。家庭关系淡薄了很多。家里有五台电视,一家人还会心连心吗?

每个人的心都只跟自己的电视机连在一起了吧。

西欧的人际关系,是由语言清楚地接连在一起的契约社会中的人际关系。另一种情况是神连接着人。这在基督教文化圈里很重要,他们的个人主义背后一定存在着神。所以,说谎是罪恶的。克林顿也因为说谎被认为很糟糕,这就是他们的文化。

然而,我们现在必须注意的问题是,在今天,日本血缘和"家庭"都不再是个人的支柱,家人之间纽带断裂的现象,正在不断增加。

铃木:尽管有一个新的说法称,丰衣足食的时代是注重精神的时代,可我们却始终感觉到空虚和不够充实。

河合:在日语里,本来"物"是包括"心灵"的一个词。比如从"物々しい"①这个词或"物语"一词里,都能让我们

---

① 日语里"物々しい"一词虽然由两个"物"字组成,却包含"严肃""盛大"的意思。——译者注

看到,原本在生活中"物"和"心灵"是合为一体的。赠送礼物时,我们会仔细把礼物包好,来表达自己的心意。

可今天日本的父母,有时候会突然给上大学的儿子买一辆车。在美国看不到类似的事,因为这无益于孩子。无论父母本人多么富有,一般会让子女自己打工挣钱买车,他们知道这样做孩子才会幸福。

我在瑞士看到过一些令人感叹的事。自家院子里桃花盛开时,女儿会随意摘下几枝赠送给母亲。母亲收到鲜花后则回赠一些水果等,饱含心意。他们很清楚,如果对这些事漫不经心,人与人之间便会出现裂痕。现在欧美人的亲子、家人之间通过电话或书信方式进行沟通的事,要比日本人多得多。

父母培育孩子不用心不行。亲子一起活动的话,去爬山要好得多。暴发户会选择坐飞机去夏威夷。他们虽然有钱有财,可实在对幸福这个问题太没有研究了。

铃木:在您的《孩子与恶》一书中,讨论了孩子的"恶"与发掘、培养孩子个性关系的问题。今天少年犯罪不断增加的背后,是否存在孩子渐渐远离了"恶"的问题呢?

河合:不允许孩子在童年时代适当地做一些坏事不行。生活中不是有很多小时候顽皮,长大后生活得很好的例子吗?这些孩子在孩童时代"恶"的经验,有助于他们在社会成长。他们很可能会成为有创造力的人。

如果我们一下子很难接受孩子的某些"恶"的行为,也不要将其一棍子打死。观察一阵也许能看出一些名堂。

我本人小时候没有什么体力，但嘴比较坏。时而嘲弄老师，将老师的军。不知被训斥过多少次。现在却在靠这个生活，我是说自己在靠口头艺术养家糊口（笑）。比较成问题的是，因为我们主张要理解孩子的"恶"，结果出现了完全撒手不管的情况。有的老师只会跟学生说"我太理解你了"，这样不行。需要管的时候还是要管。

铃木：新闻界似乎对青少年问题太过于敏感了。急躁冒进，而不是静下心来做一些深入的观察和思考。您对这个问题怎么看？

河合：是啊。令人遗憾的是，当讨论教育问题时，一些人随便解释某些现象，热衷于把这些问题说成只是目前流行的一种风潮。可这种意见解决不了任何问题。青春期的本质问题从朱丽叶时代以来始终未变。援助交际问题如此多发，现在突然说要一举消除，太简单化了。我说你们怎么还在做这么过时的事，可以结束了。这不是一个用好坏能简单衡量的问题。

当前的话题是"学级崩坏"，我担心这次又被折腾得流行起来。一旦报纸报道，就很容易流行。当时持刀行凶的问题就是如此。许多孩子都跃跃欲试，觉得自己再不出来似乎要落伍了。学生运动的时候，我曾在教授会上说老师们好好想一想，五年以后一切都会平静下来。想着五年后的情况，大家一点一点准备起来吧。如果跟学生正面冲突，那就是火上浇油。现在，老师们应该很肯定地跟自己的学生说，虽然有"学级崩坏"的说法，我们班绝对不会乱。

铃木：现在一些孩子的肆意任性令人吃惊。实在是没有教养。

河合：在我们那个生活困难的时代，养育孩子得竭尽全力才行。所以，当时教育和宗教是齐头并进的。比如，当时所提倡的不允许浪费，同时也是宗教教育的一个话题。可在今天，连基本的生活礼仪都几乎看不到了。这才是更大的问题，是一切问题中最根本的问题，不可置若罔闻。

对了，最近听我哥哥（河合雅雄，兵库县县立"人与自然博物馆"馆长，猿猴学权威）说起一桩令人感动的事情。

暑假的时候，他们招募了一些学生，去了印度尼西亚婆罗洲的原始森林。晚上他们走进森林深处，当大家一起关上电筒时，天色变得漆黑一团。年纪较小的孩子开始觉得害怕时，年纪稍大的孩子则很自然地主动照顾这些比较小的孩子。过了一会儿，孩子们眼前突然展现出了布满星星的天空。大家以前从来没看到过这样的情景，当然感动极了。

并非一定要去婆罗洲，在北海道或任何地方都可以这么做。

总之，现在是一个很有意思的时代。人人有更多的自由。只要是自己想做的事，差不多都能如愿。可大家还没经历过真正的富有，却开始飘飘然了。我不断地跟大家说，别总说没意思，没意思的，要多往有意思的方面想。

神户杀人事件之后，当地人为了减少树木茂密的危险，砍伐了相当多的树木。虽然说是为了消除比较暗的区域，但实在没有比这种做法更令人气愤的了。有一个词叫作复苏，这需要一定程度对黑暗的体验。要消除所有黑暗的想法是大错特错的。

日本人追求心灵教育并没有错，可大家应该认识到心灵方面的教育不能采取教导或灌输的方法。我在教育委员会时也一开始就强调，心灵教育重在"育"而不在"教"。过多的教导、灌输适得其反。

现在学校的老师太热衷于教了，家长也一样。日本曾是一个发展中国家，至今无法摆脱"追赶"的思维模式，也就是谁先获取知识谁就占优势的观念。心灵教育需放慢步子，欲速则不达。

（《每日新闻》1998 年 12 月 16 日）

讲述　河合隼雄的世界

采访者　朝日新闻编辑委员　佐田智子

佐田：《村上春树，去见河合隼雄》，这本您与村上春树共同完成的书非常有意思。你们的对话可以算是一种高水平的心理咨询吗？

河合：当然不是这么回事。从我自己的心情来说，丝毫没有咨询的感觉。

我很少看小说。到我这儿来咨询的当事人，常常会提起村上春树的小说。这样，我看了村上先生的《寻羊冒险记》（讲谈社文库），印象很深刻。

今天的年轻人的烦恼，跟以前的年轻人的烦恼大不相同。烦恼的层次不同了。他们好像陷入了更深一层的烦恼世界。关于这一点，《寻羊冒险记》里写得很透彻。

我觉得村上春树这位作家很有意思，结果三年前在普林斯顿大学时，我们有过一次交谈的机会。当时他正在写《奇鸟行状录》第三卷（新潮文库）。我很难说清楚最初见到他时的那种感觉，也许因为当时他完全沉浸在他自己的小说世界里。我觉得说话不能太随便。当时的印象是，我们一边交谈，我一边对他慢慢地有所感觉、有所了解。当时对方似乎觉得这次交谈很有意思。

在他刚写完第三卷时，大概非常想跟谁讲述自己的想法。我也觉得《奇鸟行状录》比他之前所有的作品上了一个台阶，还发现他对现代夫妇进行了确切的描写。他表示想跟我见一面，于是我们就见面了。这次见面给我的印象是，虽然见得很突然，但双方都滔滔不绝，交谈得非常投机，一拍即合。

佐田： 两个人无任何顾虑地互相询问，袒露心声，互相倾诉，到了令人吃惊的程度。对您来说很少有这种情况吧？

河合： 对，对，正是如此。我平时很少说起自己的事情，已经养成了听别人叙述的习惯。在电视台做节目时，电视台的人说"先生您总听别人说，也请说说自己的意见"，如果我只说"好，好""嗯嗯"什么的，他们会生气。这次我自己也打开了话匣子，说得滔滔不绝。

佐田： 怎么会发生这种情况呢？

河合： 应该是受到了触动。村上先生很有人格魅力，我们之间的问题意识非常默契。另外，我们之间有一种互相可以畅所欲言、无任何顾虑的感觉。

一般跟人讨论问题时，有时候说不好会伤着对方，也会产生误解等。我感觉到村上先生不会因一两句话受到伤害，他是一个非常坚强的人。他很坚强，所以他也不太在意自己存在的一些弱点。

他有很敏锐的感受力。我们知道有些人是很怕别人触摸到自己弱点的，所以我遇见写东西的人时，一般比较紧张。谁身上都有类似老虎尾巴那样的部位，不小心踩到了会跳起来。你有过类似经验吗？

佐田：有的。

河合：我第一次见到远藤周作时发现，他对心理咨询是有反感的。他说一个人不可能给另一个人指引人生道路，认为帮别人指引人生道路的做法太自大了。其实我从来不给人指路，这是误解。

然后他单刀直入地问："别人来找你咨询时，你怎么告诉他们问题的答案？"我说："我从来不说答案，当事人自己考虑，自己决定自己的行动。"他回答说："知道了，那就和小说作品中的人物一样。"有意思吧？之后我们的关系变得很融洽，后来又见过许多次。

佐田：也就是说，心理治疗时，前来咨询的当事人和小说中的人物一样。

河合：对，远藤周作认为是一样的。在创作的过程中，有些东西自己说不清楚。如果把要写什么全部想好了，然后按部就班地写下来，那就不是创作了。其实，在写作的过程中，主人公的行动是随心所欲的。所以，作家常常会跟书中主人公有很大矛盾。这一点与心理治疗非常相像。

我自己的情况也大同小异。当事人来了以后，如果碰到上课缺席比较多的孩子，我心里可能会想，他最好能去学校。可最终，当然是这个当事人自己想清楚后去行动的。

佐田：也就是说，作品中的人物潜入作者的内心世界，在那个世界里生活和行动的吧？

河合：对,对。他们在作家的内心深处活动着。所以在村上春树写《奇鸟行状录》第三册我见到他时,我感觉到他生活在另一个世界里。

佐田：河合先生您能看到这一点。

河合：是的。只有那样的人才会编故事,写小说。这实在是一件非常难的事,我没有那样的才能。

佐田：那您的工作是什么呢?

河合：我是欣赏别人,为他们高兴的那种人。但对当事人来说,有关心他们的人很重要。

佐田：为什么呢?

河合：因为从无意识世界里冒出来的东西,破坏性很强。如果没有任何限制直接表现出来,就会产生不可想象的后果。实际生活中,这样的人并不少。比如,超越父亲成长,青出于蓝而胜于蓝,本来是一个非常好的说法。可改变一下说法,就成了弑父了。

我们所见的当事人,说起来他们的无意识世界都很活跃,并多带有消极倾向。比如有些人是戴着杀人、偷窃、有不正当男女关系的帽子来咨询的。我们的工作并不是简单地指出他们的错误,而是跟他们一起重新讨论、解释他们之前的行为,一起考虑他们的生活方式。

佐田：也就是说你们的工作是陪伴着他们,跟他们一起,将无意识的存在进行有意识化及社会化的处理。

河合：这是一个非常重要的过程。进一步说,关键是我们可以陪伴他们,给他们提供一个敢于发泄的场所。他们处于一种恐惧感中,如果没有陪伴的话,很难发泄出来。

有人陪伴就会容易很多。比如一个人走夜路时,你可能会见到很多鬼怪,可如果你身边有个大胆的跟你在一起,你就不会把路边的芒草看成怪物了。因为旁边有人陪着,用不着谁告诉你,你也能把芒草看成芒草,把月亮看成月亮。心理咨询跟这个情况相像,你身边是否有一个明白人至关重要。

佐田: 村上先生在他的精神世界里"开荒挖井",后来见您也是类似情况吗?

河合: 他是通过向我讲述自己的创作,从侧面做一个回顾。之后,准备进入自己的另一个世界。那时候,其实他已经开始采访地铁沙林毒气事件的那些当事人了。实在令人钦佩。

佐田: 那这也属于他自己思想深处无意识存在的意识化、社会化的作业吗?

河合: 当然。写东西的过程,应该是从各个角度思索某种深层意识的存在,将其与社会相联系,进行讨论的过程。之后再进入另一个课题。

佐田: 村上先生的《地下》(讲谈社文库)一书,是不是从内心世界的"地下"深层出来,试图在现实社会里找到上下之间的关联呢?

河合: 正因为如此所以特别难。并不是从地下走出来,而是你在上面要去地下找接点。为了找到地下与地上现实世界的连接点，会想再挖一锹。

只不过有时需要再挖一锹时，却仍然找不到现实世界与地下世界的连接点，那就糟了。如果挖到上下失去联系的地步，便是一条死路，非常危险。

佐田：那就回不来了。

河合：所以他需要在地面上牢牢地站稳脚跟，然后深吸一口气再潜入地下。之后开始的新作品，最初总是非常艰难的。从事创造性的工作的人们为了寻找答案，会孤注一掷，将生命置之度外，上天入地，呕心沥血。

佐田：所以村上先生在新作品开工以前先去见了您。

河合：我觉得是这么回事。我是生活在现实中的一个一般的人，与现实世界连为一体。有点像他新开工以前，来把脚手架绑得更牢固些的感觉。

佐田：正如"村上春树，去见河合隼雄"那样，今天这个时代好像特别需要"河合隼雄"。这是为什么呢？

河合：无论任何人来咨询，我们临床心理学的做法，就是与当事人共同体验他们的感受。对我来说，身为日本人这点特别重要。从某种意义上说，我是代表生活在今天的日本人在谈论今天日本人的烦恼，并思考如何去解决这些问题。所以大家对我的意见比较重视。

佐田：这好像是从进入 20 世纪 90 年代后突然出现的现象吧。

河合：对，非常突然。泡沫经济危机给经济成长来了当头一棒，大家开始注意到精神方面的问题了。人们本来以为日本人富裕起来了，也更幸福了。令人出乎意料的是并非如此。人们突然体会到了"富贵不能淫"的难处，尝到了随着物质不断丰富人心却被撕裂的感觉。

佐田：长期生活在贫困时代的日本人，突然进入了富裕时代。

河合：对。这就是最近十年、二十年的事情。从表面上看不出什么不好，一切都很顺利。问题是之前谁也没有学过，随着生活日渐丰裕，我们的道德观应该如何适应新时代。

我们所拥有的是节约至上、浪费有过的人生观。而这种人生观是在物质缺乏的前提下产生的。我们努力地用这样的人生态度训导我们的孩子，可他们却觉得我们"脑子有问题"。两代人完全说不到一起。

日本人对如何在丰衣足食的环境中生活，没有任何准备。

佐田：今天的日本年轻人，比以前的年轻人有着更深层次的烦恼。这应该与我们刚刚谈及的问题相关吧？

河合：我们那个时代年轻人的烦恼，说到底也就是一些职业、婚姻、家庭问题。而今天年轻人的烦恼，则大大超过这些而陷入更深的问题中。

夏目漱石的《三四郎》，对人们应该如何理解这些问题很有帮助。这本书是青春小说之最。然而，对三四郎来说最终也不能理解的是，为什么小说中的女主人公美弥子会把自己说成是"迷途的羊羔"。

而村上春树《寻羊冒险记》中的羊叫"羊男"，所以我们不清楚"羊男"到底是人还是羊。这是一个完全不能被人理解的存在。小说中描写了许多主人公和女性的关系，但没有任何性关系。其实他根本不知道什么是女性，什么是性。所以这本小说创造了一个更让人理解不了的主人公"羊男"的存在。两者层次完全不一样了。究竟如何理解呢？

显然，对现代人来说异性不稀奇，两性关系也开始得很早。从生活方面说，即使没有固定职业也不会有吃、穿、住的问题。以前的人拼死拼活才能找到一个养活自己的职业。今天这些都成了瞬间可以解决的问题。现在如陷入烦恼，就不会是普通程度上的烦恼了。

所以，我们现在见到的无精打采的这些人，一般都没什么话。你问他"最近怎么样？"他们的回答就是"没什么"之类的。"您感觉累吗？""没什么累的。""您最近在做什么？""并没有什么好做的。"

佐田：原来如此，没什么话。他们应该有一种陷入内心深层的，说不出普通理由的烦恼吧？

河合：对，他们自己并不清楚自己所遇到的问题。从形象上说，他们就是"羊男"。所以，我们与当事人见面后，需要很长时间才能了解他们。他们中间有的需要五年左右的时间才能表达出自己的问题。

佐田：现代人的烦恼，确实发生在更深的层次吧？

河合：完全如此。我已经跟这样的人们接触了四十年了，他们的问题越来越深层化了。怎么说呢，因为表层所出现的问题都已经解决了。

佐田：哦，对啊。

河合：一般如果我们有一些表层的烦恼，就会让人感觉不到深层的烦恼。比如，人们忙于交税，为挣钱头疼。即使自己跟"羊男"有些类似了，也无暇顾及。从某种程度上来说，一个人的烦恼，其实是在保护着这个人。有些人一直叫着"太忙了，太忙了"，实际上，正是太忙了却使其得到了保护。一不小心这种表层的烦恼消失后，人有时候会发疯。所以我们一般不主张马上消除表层的烦恼。

佐田：不消除烦恼啊？

河合：消除了就危险了。人们是被烦恼所守护着的。日本也是在表层烦恼消失后，才像今天这样暴露出深层问题的。

佐田：说起意识深层化的问题，在初中和高中女子的"援助交际"问题上，曾有人呼吁"这个做法等于出卖灵魂，要坚决制止"。

河合：从意识的表层，似乎看不出这件事的害处。能挣到钱，对方乐意，本人也无所谓。然而，从这一存在的整体看当然有问题。

这些人开始也许并不觉得怎么样,但十年后,可能会由此患上严重的神经衰弱。突如其来的悔恨和自责,更会导致出现自杀的念头。所以怎么解释呢,如果说"援助交际"这件事"伤害了灵魂",就比较容易理解吧。尽管灵魂实际上并不存在。

我们说,在符合逻辑的、合理的思考下,也会留下一些解释不清的东西。人们对灵魂也有这种说法。

佐田：临床心理师的工作,就是跟当事人一起潜入他们的心灵深处的工作。

河合：所以这是一个劳心费神的工作。现在我仍每周见十二三个人,这是我的主要工作。

佐田：现在提倡讲故事,用故事的方式来安慰心灵创伤。其中有什么特别的道理吗?

河合：人的心灵构造是层层相叠的。在这个有层次的构造里,越是表层的存在,越能用语言表达清楚。西方自然科学使表层意识得到了更复杂更精确的表达。

而对别人的怨恨,单用语言表达不清,还需通过动作或形象表示。再进入更深层次,那些东西就几乎无法进行表达了。

这种心灵深处的存在,会渐渐与表层意识相连接,并传递给心灵构造中的每一个层次。同时也会传递给别人。而这种存在,只有通过故事形式才能够被表示出来。

比方说有人蒙骗老人。更过分的时候,可以表达为"把老婆子吃掉",人的内心深处确实存在着这种表达。如果进一步将其编写成故事,有可能变成"把老婆子烧成汤喝到肚子里了"等。只有民间故事或民间传说,才能把人们从心灵深处的这些体验相互连接起来。

因为人人都有类似的体验,所以通过各自编写出故事的形式,可以治疗心理疾病,使内心得到安宁。

佐田:也就是说,我们很难用逻辑性语言表达出自己内心最深层的那些体验。

河合:对。孩子们之所以很容易被民间故事、民间传说感动,是因为他们的表层知觉还不成熟,比较容易产生反应。

佐田:原来表层知觉是后天形成的。

河合:当然。这是在经过很大的努力下形成的。在西方近代社会,表层得到了极大的强化,变得深厚了。

然而,如果过分强化表层,切断了其与深层之间的连接,一个人就会突然发生一些类似有气无力的症状。这是表层与根部脱节的结果。最近发生的很多各种各样的问题,就说明了这种情况。

佐田:20世纪90年代,日本到处都大谈"痊愈"也与此相关吧?

河合:日本近代化起步较晚,努力向前冲得有些过头了。人们太过于相信,通过自然科学可以把握的合理的现实才是唯一正确的现实这一点了。正是讲故事活动的复兴,才使这种令人不快的感觉得到了缓解。

佐田:村上春树说他写"故事"是在"自我康复,自我治愈"。

河合:说到点子上了。令人佩服。大江健三郎也说过类似的话。对我来说"自我康复""自我治愈"是通过来访者来完成的。我认为对普通人来说,自己的人生就是自己的故事。人们是在创造自己的生活中来治愈自己的。我的工作则是帮助人们完成他们自己的创造。

佐田:箱庭疗法已经普及了三十多年了。这可以帮助病情好转吗?

河合:箱庭疗法与在沙滩上玩很相似,就是自由自在地在沙滩上做出来一些东西。在这个创造的过程中,他们会渐渐地把内在的东西释放出来,会表现出一些连他们自己也预料不到的东西。所以这个创造的过程就是治愈的过程。

所有的创造活动,都能帮助人恢复精神上的健康。每个人自己都具有治愈力,所需要的是提供让其施展的舞台。

佐田:在箱根治疗的过程中,河合先生本人做些什么?

河合:我就不声不响地看着他们。最近变得更是什么都不说了。看着当事人渐渐痊愈了,我自己也痊愈了。这是一个同甘共苦的过程。

佐田:这就叫作心理咨询吧。

(《朝日新闻》1997 年 6 月 9—12 日)

后　记

　　许多人非常关心日本的教育问题,即使随便聊天,无意间在教育论上也能听到各种高论。大家对日本教育无不叹息,希望能找到一个突破点来改变现状。日本上下有如此众多的人关心、热心谈论教育。仅从这一点看,可知教育现状不容乐观,更多的人认为,日本教育每况愈下。这是为什么呢? 为了改变教育,大家希望某种"制度"能得到改变,或者希望能找出某人的"错误",使其得以改变,却总在为达不到预期效果而叹息。这样的过程反反复复地出现。问题是每个日本人在叹息别人、责备别人以前,并没有认识到要努力改变自己。

　　说得直白一些,日本人有必要进行一场意识革命。这并不是说日本人的思维方式或者生活方式错了,或者有问题。我们所需要的是,随着时代的变化,相应地改变自己。

　　霸凌和不上学的情况确实在增加,我们必须采取一定措施。然而,不考虑事情的本质,以及应采取的步骤等等,仅仅高喊"彻底消除"霸凌则毫无意义。这些现象的存在,反而可以成为促使日本人改变自己生活方式的一个契机。我们需要弄清这些现象背后的问题,考虑对策,努力应对。

　　本书所收内容,是依据以上思考,我得出的对霸凌、不上学中出现的日本家庭教育及学校教育的一些想法。这些都是通过演讲和对谈的形式发表的内容,对读者来说应该比较容易理解。虽然比较容易理解,可实际着手实行却非常艰难。另外,希望大家能够理解,我们在对谈中所谈及的想法无一是轻便快捷的。因为对现在的日本教育问题进行思考,或找到适当做法实在不易。

　　比如,虽然书中经常谈到"恶",但这并不是要说服大家可以简单地允许"恶"的存在。但反过来,如果只想着如何禁止这些"恶",则不会出现任何好的结果。这里有很多问题是进退两难、似是而非的。用眉毛胡子一把抓的方法不行,我们必须采取因地制宜、稳妥、周到的做法。

　　这里所收入的会谈记录,都是一些给我留下很深印象也受到很大启发的内容。对方的专业都与我的有所不同。正因为如此，与他们的交谈，带给我许多意料不到的问题切入点，非常有参考价值。

由大川公一先生所主持的，与芹泽俊介先生的对谈，对我来说是一次非常有意思的对谈。芹泽先生从社会学的角度谈教育，看法非常尖锐。我早就希望能与芹泽先生见面，所以非常感谢这次的机会。特别是我对他的"无知的解体"一说很有兴趣，十分高兴能一起讨论到这个问题。读者们对社会学与临床心理学这两个不同视角出发的对谈一定觉得很有意思，也一定会从我们的意见时而吻合、时而充满争执的讨论中得到乐趣。

赤坂宪雄是一位正视现代问题的学者，之前我已经注意到这位崭露头角的哲学家了。希望我们针对霸凌问题的这次畅所欲言的对谈，能给读者们一些新的启发。

这次能与如月小春女士以戏剧为题材进行讨论，是一次非常有趣的经历。了解一些戏剧理论及表演理论，对我在心理咨询及教育本质上的一些想法很有启发。能有这样的机会非常幸运。我们也许可以考虑,在学校教育中融入更多的戏剧方面的内容。

　　最后一部分收录的,是我在接受新闻记者采访时的一些回答。记者们的视点很敏锐,尽管篇幅不长但很有意思。朝日新闻报社的佐田智子,是一个长期以来深切关注教育的人,这次能以对谈而不是采访的方式进行讨论,实在很有意义。

　　本书出版之际所有的编辑工作,都是在有过长期合作的潮出版社编辑部背户逸夫先生的帮助下完成的。在此深表谢意。

解说"河合隼雄的心声"

芹泽俊介（社会评论家）

我与河合隼雄先生见过两次，两次都因对谈而见。本书所收录的是第一次对谈的内容。这次对谈是由角川书店所发行的《国语科通信》策划，在京都进行的。由于初次见面，最初双方都稍有些紧张。不过在同意担当我们对谈主持人的大川公一先生率直、有趣话题的引领下，大家渐渐松弛了下来。之后，河合先生充分展现了他那特有的，使对方能变得轻松、活跃起来的本领。我自己说似乎有些不自然，但我认为这次的对谈，应该是河合先生许多出色对谈中的一次。

第二次对谈是由《潮》杂志社策划的。我是在文化厅厅长室见到河合先生的。从记录上看，时间是在 2004 年 9 月 17 日。短短的一个钟头，我们针对少年犯罪问题，进行了比较仓促的对谈。

跟以前一样，在这次对谈中河合先生始终充满着微笑，但也许因为身体原因，他看上去很累，脸色也非常不好。事后，与其说对谈内容，我更在意的是河合先生的身体状况。

接下来谈谈这本书。此书始终一贯的主题是"培育个性"。下面从书中摘选出一些要点,从我自己的理解出发做一下注解。真正意义上的个性教育,应该会矛盾百出,夺人耳目。

1. 如何理解"不教"?

"培养个性难就难在,个性不是教出来的。教出来的就不是个性了。所以,如果真想培养学生的个性,就不能总想着教,而必须学会等。要等到孩子的个性表现出来以后,才伸手援助。"

只有尊重自主性,才能调动孩子的学习积极性,教师们把这个道理说得多到足以使人听后哈欠连天的程度了。我们可以将这里的自主性与河合氏所说的个性,理解为同一种存在。教师们虽然一直说要尊重自主性(个性),可这个自主性(个性)究竟是如何形成的呢?这句话里并没有具体说明。所以此话变成了只是挂在教师口头上的与己无关的他人之事。

　　河合先生前面那段话的魅力在于,他把"他人之事"的他人,变成教师和大人们自己了。也就是说,他实际上在质问教师和大人们在这个问题上的认真程度。他逼着他们站上教育第一线,质问他们,"你们"是否真正愿意想办法发挥孩子的个性及学习积极性。他认真质问,然后尝试给出切实可行的建议。比如"先把教的事情忘掉,等一等。等到孩子们表现出一些自己的东西后,再站出来帮助他们"。

　　毫无疑问,孩子们自己的创作,表现了他们的自主性、个性。然而如果想到这一点,我们面前则出现了另一个难题。那就是教师与大人们都很难做到"等"。特别是教师,从他们的工作性质上看,做到不"教"相当难。

　　2. 默默守护

　　"'默默守护孩子'与'别对孩子管头管脚'的说法比较接近,也更容易被接受。这种说法似乎更有说服力。其实默默守护孩子比教孩子需要多花费许多倍的精力。明白这个道理的老师会安静地守护孩子,不明白的人则认为默默守护是偷懒。"

对"别对孩子管头管脚"这句话,需要加一些说明。这句话是我(芹泽)在一个教师集会上说的。在与河合氏的对谈中,我说起在一个会议上学校问我对学校有什么期待,我回答"对学校没任何期待。请尽量别对孩子管头管脚",结果引起了许多热心教师的反感。河合氏后来的发言,是听了这个故事后才有的。

之后很有意思的是,主持人大川氏根据自己二十五年的教师经验,对自己的工作反省道:"我在高中教书教了二十五年,最近好不容易才做到先生所说的对学生'不断地思考,默默地守护'这一点……而作为教师,总觉得马上出手才说明自己在工作。"

河合先生接着说"热心的教师一般会这样。客观上看,确实有一些特别热心于对学生管头管脚的教师"。这样,

河合先生使我们又进一步了解了这种所谓热心教师的
实质。

虽然从意思上看，"不管头管脚""默默守护"与"等待"
大同小异，从所需的精力出发考虑，"等待"离学生的距离更
近。尽管如此，"需要多花费许多倍的精力"的说法，仍被指
责为太抽象了，这也是事实。

"等待""不管头管脚""默默守护"，教师需要花去很多
能量的这些抽象表达，也许能较为形象地用"被孩子牵着跑"
这一身体动作来说明。

3. 被孩子牵着跑

"我们随着孩子的动作，不断改变着自己的姿势，等待着
孩子站起来的那一瞬间。这跟做柔道的感觉有点类似。"

我们需要充分意识到，以上是以积极的态度在谈论"被
孩子牵着跑"这一事实的。在这里，被如何牵着跑并不重要，
关键是"被牵着跑"这一点。我们完全可以说，被学生牵着
跑，正是教师和家长的工作。

　　"被牵着跑"在于把主动权给孩子,充分接受孩子的心声表露,而不是逃避或压制孩子的心声表露。而"等待"的前提条件,则是把自己交付给对方,只有持这种态度才能等待。

　　于是,"等待""不对学生管头管脚""默默守护"进一步的表达则是"什么都不做"。

　　4. 什么都不做

　　"我曾说自己是一个'育师',所以我很少教书。我的工作是,当不愿意学习的孩子找我咨询时,想办法把他们培育成爱学习的孩子。怎么办呢? 很简单,那就是什么都不做。可事实上没有比这更难的事情了。""当看着那个孩子什么都不做的时候,我会一边想'真是什么也不做啊',一边看着孩子发呆。实际上,咨询时要能做到这一点,是需要长期训练的。"

　　"育师"的说法,是为了找到一个与"教师"或教师的教学态度相对立的位置而创造的词语。也许有人觉得,正如河合先生指出的那样,"师"这个字里从根本上包含着"教"的内容,所以很难做到不教。或许确实如此,可是想到这个说法,是河合氏在面对教育工作者们演讲时用的,它同时也应该包含教师不能太"发奋"于教书这层意思。那些过于发奋教书的教师(大人)们,一心只想让孩子走"好孩子"的道路。他们没注意到,将自己的好意强加给孩子的同时,却压抑了其个性。河合氏认为他们很难察觉,自己的好意背后所具有的暴力性质。

"大人的好意有时会成为伤害孩子的利器之一"。

"我认为从这个意义上说,大人的善意真的很可怕。那些自以为是的大人最让人头疼的,就是从来不自我反省。"

"所以我最近常说,现在的父母难就难在,与过去的父母不一样,得有一种'为了孩子少做一点事的那种关爱'。不是通过给予来表示关爱,而是通过少做点什么来表示关爱。这是非常难的。"

这样,"什么都不做"的真正意义,便是"默默守护在孩子身边"。

5. 默默守护在孩子身边

"不指导,不说教,什么都不做。只要能做到跟孩子待在一起就是最好的。大家在图书馆工作,如果有孩子会想到,只要那个老师在自己就想去图书馆,那就是最好的。"

"母亲在并不意味着母亲要时刻跟着孩子。母亲在工作单位也好,在其他什么地方也好,只要孩子内心深处知道母亲在就行了。"

只要孩子内心知道大人跟自己在一起,大人并不需要实际做什么。这就是我们所说的"在孩子身边"的意思。

另外一方面,河合先生还曾发表过以下看法。他认为近代日本教育希望能早日引进西洋文明,而将其理解成一种模式,并为尽早掌握这种模式而努力。为掌握一种模式,便只认准一个方向,却忽视了人是具有个性及多样性的这一特点。个性鲜明的孩子,很难适应这种整齐划一的日本学校教育方式。这就是不上学与霸凌问题出现的主要原因。

　　然而,单从这些说法中我们仍听不到河合氏真正的心声。正如以上所引用的那样,我最欣赏的是,河合氏在一对一的讨论中谈论教育的那些意见。

2009 年 7 月

（本书 1999 年 6 月由潮出版社刊行）